大夏书系·数学教学培训用书

可以这样教数学
KEYI ZHEYANG JIAOSHUXUE

$$S_\triangle = a \times h \div 2$$

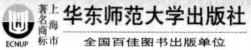
上海著名商标市 **华东师范大学出版社**

全国百佳图书出版单位

图书在版编目（CIP）数据

可以这样教数学：16个小学数学名师的教学智慧/叶建云主编. —上海：华东师范大学出版社，2012.2

ISBN 978 - 7 - 5617 - 9269 - 8

Ⅰ.①可... Ⅱ.①叶... Ⅲ.①小学数学课—教学研究 Ⅳ.①G623.502

中国版本图书馆 CIP 数据核字（2012）第 020521 号

大夏书系·数学教学培训用书

可以这样教数学
——16 个小学数学名师的教学智慧

主　　编	叶建云
策划编辑	朱永通
审读编辑	杨　霞
封面设计	大象设计
责任印制	殷艳红

出版发行　华东师范大学出版社
社　　址　上海市中山北路 3663 号　邮编 200062
网　　址　www. ecnupress. com. cn
电　　话　021 - 60821666　行政传真 021 - 62572105
客服电话　021 - 62865537
邮购电话　021 - 62869887　地址　上海市中山北路 3663 号华东师范大学校内先锋路口
网　　店　http：//hdsdcbs. tmall. com/

印 刷 者　北京季蜂印刷有限公司
开　　本　700 × 1000 16 开
印　　张　14. 25
字　　数　240 千字
版　　次　2012 年 8 月第一版
印　　次　2022 年 10 月第九次
印　　数　24 101 - 26 100
书　　号　ISBN 978 - 7 - 5617 - 9269 - 8/G·5549
定　　价　35. 00 元

出 版 人　朱杰人

（如发现本版图书有印订质量问题，请寄回本社市场部调换或电话 021 - 62865537 联系）

自序　让名师的智慧壮大我们

　　它循序渐进，一步一个脚印：

　　它始于你真心去做，

　　它始于别人说了"不成"而你再去做，

　　它始于你说"我们"，

　　而你清楚"我们"是何人，

　　且你一心要天天壮大"我们"。

　　——（美）玛吉·皮尔斯

　　"名师出高徒"，在美国所有的诺贝尔奖得主中，有半数人曾同其他诺贝尔奖得主一同工作过或学习过，这充分说明了名师对其他人的示范与引领作用。

　　名师的课堂，值得我们学习的东西太多了：巧妙的教学设计，灵动的教学流程，幽默的教学语言，超凡的教学智慧……

　　一个名师，有时就是一个启人心智的学科世界，如德高望重的邱学华老师，他倡导的尝试教学法、尝试教学理论以及尝试学习理论，已经硕果累累。退休后，他仍以全新的活力展现其魅力，不断生成新的尝试智慧。

　　本书中的名师，皆如邱学华老师一样，有着他们自己的教育思想与教学艺术，在教师当中具有广泛而深远的影响。你可能听过其中一些名师的公开课、讲座，或者拜读过他们的专著，激动之余，肯定也萌发过系统学习各个名师的智慧的想法。

　　本书恰好汇聚了众多名师的智慧，为你奉上精神的盛宴——

　　首先展示的是名师于深刻的课堂教学经历中提炼出的教学智慧，如邱学华老师的"上好课的两个基本准则：真实和创新"，华应龙老师的"融错教育"，徐斌老师的"'进'与'退'的智慧"，戴曙光老师的"'简单教数学'的智慧"……他们没有生硬的理论说教，而是把思考融于一个个精彩的案例中。在你意犹未尽之际，为你备上最后的大餐——名师最新实践的课堂教学案例，每一个案例都是名师教学智慧的实践范本，也是你学习名师、汲取名师智慧的最佳范本。

让我们与名师一道，品味智慧的芬芳。

让名师智慧"壮大'我们'"。

让我们用行动生成教学智慧。

下一个名师，就是你，就是"我们"！

叶建云

2012 年 5 月 10 日

目　录
Contents

1. 上好课的两个基本准则：真实和创新

邱学华

我从 1951 年到农村小学当代课教师起，就一直用心实践和研究小学数学教学，屈指算来，到现在已有 60 多年了。在这半个多世纪里，虽几经波折，道路坎坷，但我始终坚持在小学数学教学园地里耕耘，我和小学数学早已结下了不解之缘，而且它已成为我生命里极其重要的组成部分。2001 年新一轮课程改革启动，我兴奋异常，庆幸自己有机会第八次参加课程改革，为此，我尽心竭力地奔波于全国各地，和老师们在一起，共同研究课程改革中的新问题和新经验。最近，我一直在思考这样一个问题：什么样的课才是好课，上好课的基本准则是什么？思来想去，我认为上好课的基本准则有两个：一是真实，二是创新。

一、真实

真实可以看成是"真"与"实"两个要素的结合，也就是做到"求真务实"。

有不少一线教师听了某些名师的课后，不住地感叹："名师讲得确实非常精彩，达到了艺术的境界。可是名师们天南海北，上来上去，不就是那几节课吗？"言下之意，名师的课缺少"真"，表演痕迹太深。这些老师的看法不无道理，很值得名师们反思。好课的"真"主要表现在以下几个方面：（1）不弄虚作假，不挑课题，按正常的教学进度教学，真真切切贴近教学的实际情况；（2）不搞形式，不要花样，老老实实发展学生的数学能力，不让数学活动淹没在非数学的烟雾里；（3）不慕虚名，不以显示自己的高明作为上课的出发点，而是扎扎实实为学生在数学素养上的有效发展做好奠基工作。

真正好的数学课是在特定的数学情境中展开的，是在丰富生动的数学活动中自然催生出来的。另外，我们还应注意的是，"真"意味着数学教学的真正起点是学生原有的认知状况，"真"意味着学生经历了真正有效的数学活动，"真"还意味着学生能从教师组织的教学活动中吸收丰富的数学营养。

"真"是一堂课的主心骨，离开了"真实"还能谈什么呢？一个人要讲真话，一个教师要上真实的课，虚假的东西会害人，这是非常简单的道理。

好课的"实"主要表现在：让学生扎扎实实学好数学知识，打好数学基本功，渗透数学思想，积累数学活动经验。一节课好不好，应当看将"水分"挤干后，究竟还剩下多少"干货"，看看学生到底获得了多少真正的发展。简单来说，我们的数学课就是要回归自然质朴的教学境界，在最益于学生数学素养终身发展的地方下大力气、做真功夫。

在此，我要特别强调数学课堂上的"练"，因为只有练得好，才能夯实学生的数学基础，才能使学生打好可以继续向上生长的数学根基，"练"是达到"实"的必由之路。换句话说，只有通过练习，数学学习才能扎实。

我主张："学生在练中学，教师在练中讲。"学生只有通过练习，才能激发思维，才能掌握知识、技能和数学思想。学生在练中学，他们的各项数学素养才能激发、生成、跃迁，进而解决新的问题。教师在练中讲，他们才能根据学生练习的情况确切了解学生的所作所为、所思所想，从而找到最适合每个学生的引导方式和学习方法，有效提升数学课堂的教学效率。我明确提出一个观点：一堂没有学生动手练习的课，不算是好课。看看那些成功的教改经验（如洋思中学和杜郎口中学的教学改革经验），我们不难发现：学生不是听会的，而是练会的。这让我想起俞子夷先生说过的一段话："教学算术中的原理，多说明不如叫学生多做。说明，只能使他们强记。叫他们多做，才可以从实地经验中得到真理，不做，无从想起。"俞子夷先生是我国小学算术教学法的奠基人，他的这段话非常精彩，"不做，无从想起"，言简意赅，一语道破了练习的重要性、练习与发展的关系。当然，练什么、怎么练，还需要教师整体设计和规划，合理安排练习的层次和难度，使学生通过不断练习逐步到达教学目标的理想区域。以前常有人说"不动笔不读书"，在数学课上也应提倡"不动笔不上课"，即学生在数学课上一定要拿起笔来做题才行。

二、创新

创新可以看成是"创"与"新"两个要素的结合，有"创"才能出"新"。

为了凸显自己的教学个性，某些名师一味在"新奇"二字上下工夫，大讲数学历史、数学文化，结果弄得课堂情境"别有洞天"，可学生的收获却"一盘惨淡"。这样的"创"，其实是剑走偏锋，脱离了教与学的实际，违背了教育的基本规律，一阵"新鲜"之后，并不能给学生留下受益终生的东西。

首先，好课的"创"体现在学生主体精神的涌动上。执教者真正站在学生学的角度来设计教学活动，学生被教师设计的活动吸引，禁不住投入其中，潜能得到充分激发和释放，敢于表现自己的独特想法。

其次，好课的"创"还体现在尝试探究活动的充实上。教师作为组织者，给学生规划目的明确、过程紧凑、开放性强的尝试探究活动，学生则通过独立思考，循着知识的阶梯自主发现新知、新法。因为有了自己的"探"和"悟"，学生的探究活动才真正起到砥砺思维、引发创新的作用。

再次，好课的"创"还体现在教师教学思想的开放和教学行为的灵活上。教学活动复杂多变，学生状况各不相同，所以，单单依靠预设是不可能的。面对出人意料的课堂事件，不加分析地沿用自己的旧套路是不够明智的。唯有随机应变，方能在课堂上创出一方新天地。

教学行为的千篇一律、课堂气氛的死气沉沉，其实是教师思想过于封闭和僵化的一种外在显现，暴露出教师教学观念上的因循守旧及其自我更新能力的欠缺。

怎样让学生"创"？办法很多，最主要的是给学生机会，给学生练的机会、说的机会、提问的机会、上台当小先生的机会……教师应当记住：你给学生一个机会，学生就会给你一个惊喜。

好课的"新"主要表现在渗透新思想、生成新方法、创造新形式上。有的教师上课，只能使学生"依葫芦画瓢"，把知识原原本本地记住；有的教师做得好一些，他们努力使学生在知识之外习得一些方法，知道知识是怎么被"制造"出来的；更高明的做法是，学生参与"创造"知识的过程，知识成了学生之间、师生之间心智碰撞的结晶，由此，知识从"结论"被改造成为"过程"，学生不仅收获了知识和技能，而且发展了思维，学会了学习，掌握了数学思想方法，其思维的触角得以向更大的范围伸展、更深的层次开掘。让学生获得对数学思想的崭新领悟，这样的"新"所发挥的影响是极其深远的。

教学有法，教无定法，边教边思，常有新法。有些名师的课让人屡听不厌，就是因为他们的教学方法不是一成不变的。时间不同，地域不同，学生不同，方法也随之发生变化。教师要能够根据学生去调整自己用熟了的方法，虽然调整会带来风险，甚至有失败的时候，但这样的"新"方法，一定会引发出更成熟、更富有智慧的好方法。

正确处理创新与继承的关系。在强调创新的时候，不能把其与继承中国数学教育的优良传统对立起来。中国数学教育的优良传统是立足的根本，是发展的源头。不能为了创新把中国数学教育的优良传统丢掉。例如，"加强双基"是中国数学教育的优良传统，这个根本不能丢掉，但对双基的内容及实施数学双基的形式和方法可以不断创新。

大家应该注意，形式并不是可有可无的东西，它与内容是无法完全割裂开来的。有时候，形式上的革新也会引发内容上的突破，从而极大地推动教学活动质量的提高。所以，形式创新也是教学内容有"新"的重要体现。

这里必须明确一个观点，形式是为内容服务的，形式的"新"是为了使学生更好地理解知识、形成技能、掌握思想方法以及积累数学活动经验。如果离开教学效果，一味追求形式上的新颖，是没有意义的，反而会陷入形式主义的泥潭。新形式的好与坏，判断的标准主要是看教学效果。正所谓"方法好坏看效果"。

真实与创新是互相联系的，真实是为了更好地创新，真实是创新的基础，创新是真实要达到的目标。为了纠正当前课堂教学中形式主义和非数学化的倾向，有教师曾提出上"家常课"、"平常课"、"原生态课"等，意思就是上贴近实际的真实课，不过，这些提法容易引起误解。只提真实不行，要体现课程改革方向，还必须创新。有了创新，才能改革旧的课堂模式和教学方法；有了创新，才能创造出符合时代特征的新模式和新方法；有了创新，才能提高学生的数学素养；有了创新，才能提升中国的数学教育。因此，提"上真实创新的课"，比较全面，要求明白，通俗易懂。

新课程改革经过近几年的反思和调整，一定会有新的发展，我们大家都应该上"真实创新"的课，为新课程改革的健康发展添砖加瓦。特别是名师要能够带头上"真实创新"的课，因为名师的课影响较大，能起到导向作用。另外，各种优质课比赛评课标准中也要鼓励参赛教师上"真实创新"的课。最好采用当场抽签选择课题、当场备课的办法，这样才能真正考查参赛教师的真实水平，对课堂回归朴实自然，拒绝急功近利、弄虚作假、形式主义，将会产生积极的作用。

2008年11月底，"全国小学数学名师教学风采展示会"在山东济南举行。我受《山东教育》编辑部秦荃田主任的邀请参会，他们要求我除做讲座外，一定要上一堂课。我欣然同意。按照四年级的教学进度，我上了"除数是两位数的笔算除法"这堂课。在设计上，我强调"学生在练中学"，通过不同层次的几十道练习题，让学生自己理解和掌握除数是两位数的笔算除法，最后连口算卡片都用上了。我大胆让学生当小先生，先让学生在课前预习，上课时由他们上台讲解。这种方法对于学生来说是第一次，会有不尽如人意的地方。这样上课到底好不好，欢迎大家来评说。

课 堂 智 慧

"除数是两位数的笔算除法"教学实录

【教学背景】

2008年11月底，在山东省济南市召开的"全国小学数学名师教学风采展示会"上，邱学华先生应邀做讲座，还亲自上了示范课。邱学华先生是大家熟知的著名小学数学教育家、"尝试教学"理论的创立者，以74岁高龄，能够亲自上台给小学生上课，令人肃然起敬，他的课既真实又富于创新气息，在与会教师代表中引起了热烈的反响。邱先生按照实际教学进度上了一节计算课，一般名师上公开课大都不愿意选择这类课题，因为很难发挥出彩。邱先生大胆地让学生预习，由小学生自己上台讲课，把这堂课上得自然朴实且有声有色。他这种大胆尝试、敢于实践的精神，得到了大家由衷的敬佩和爱戴。

【教学实录】

一、在对比中引入新课

师：预习了吗？
生：（齐）预习了！

师：今天我们要学什么？

生：（齐）除数是两位数的笔算除法。

师：我们前面学习的除法和今天要学的有什么不同？

（课件依次出示：①20⟌84　②21⟌84）

生：以前学的是除数是整十数的口算除法，今天要学的除法算式中除数不是整十数了。

师：像这样的题目，口算比较难，得学习笔算才能顺利解决。

二、在尝试中建构新知

师：（出示课本第84页的主题图）图上说了什么事情？

生：买21本《作文选》，付给售货员84元钱。

师：这样说题目，能算完整吗？

生：不完整。

师：条件该怎么说？看书上第（2）题，买《作文选》的老师姓什么？谁能补充完整？

生：王老师买了21本《作文选》，付给售货员84元钱。

师：问题怎么提？谁能把题目完完整整地说出来？

生：王老师买21本《作文选》，付了84元钱。一本《作文选》多少元？

（课件出示题目，学生齐读后，教师强调：这样的题目才算是完整的应用题。之后，学生在练习本上尝试计算21⟌84，教师巡回指导。）

师：好了吗？请第一组的同学来当老师，给我们讲讲这道题是怎样做的。

［第一小组派出三名代表，一名负责贴白板纸（学生把解法用黑彩笔写在了上面），一名负责给大家讲解，还有一名负责检查。］

生：先用 84 除以 21，把 21 看成 20，想 80 除以 20 得 4，商那里写 4。21 乘 4 等于 84，84 减 84 等于 0。

师：对不对呀？讲得怎么样？（学生鼓掌表示认同）

（学生观看，教师用课件演示完整的计算过程）

[教师出示第（2）题：王老师还有 196 元，要买 39 元一本的词典，可以买多少本？还剩多少元？]

（学生读题后，开始动笔解题。在巡视中，教师要求各小组长在自己完成后去检查组内其他成员的做题情况，如果有同学不会做，小组长要帮助他学会解答。）

（全班解题完毕后，第三组派三名代表到黑板前汇报讲解 $39 \overline{)196}$ 的做法。）

（教师特意追问了第三小组的试商方法，并在与课本上的试商方法进行比较后，高兴地对同学们说："书上先用 4 试商，太小，又换 5，这是比较笨的方法。我们班有些同学运用口算，就能一眼看出商就是 5，很不简单！"同学们听了之后，脸上露出了开心的表情）

三、在练习中提炼方法

师：课本第 84 页下面的"做一做"总共有 6 道题。这 6 道题，看谁做得又好又快！

（学生独立完成课本第 84 页下面的"做一做"）

师：做完的同学自己先检查一下。没问题了，再帮其他同学检查，看看别人做得怎么样。同学之间也可以互相检查。

（等学生都完成后，教师利用课件直接出示各题的答案，由学生自己核对）

师：6 道题都做对的同学请站起来！（学生鼓掌祝贺）

师：有错的同学请站起来。（有七八个同学不好意思地站了起来）有错不要紧，弄清楚错在哪儿、为什么错就行了。谁能和大家说说自己刚才做题时哪里错了？

生：$29 \overline{)90}$，我试商时把 29 看成 30，在商与除数相乘时也算成了乘以 30。

师：对啊，试商的时候用的是近似数，乘的时候还是应当用原来的数去算。这是很重要的学习经验！

生：我把 87 当成 78，写反了。我抄题时太不认真了。

……

师：马上改正！改过来也算你做对了。（做错的学生改正，已经做对的同学帮助检查把关）

（教师用课件出示"病号"）

师：下面我们来当当数学小医生，看大家能不能诊断出下面这几个"病号"的病因。

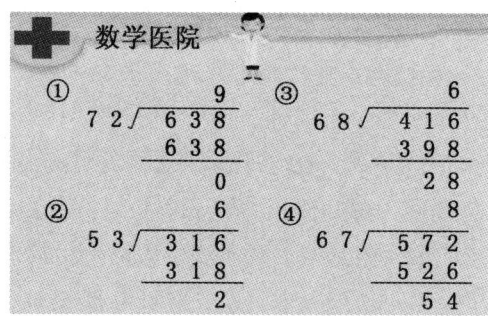

（学生逐一作出"诊断"，教师每次都注意追问"病因"）

师：你们都说说，做除数是两位数的笔算除法，哪个地方最容易出错啊？

（学生踊跃发言）

（在学生各抒己见的基础上，教师用课件出示）

笔算除法中经常出现的几种错误

1. 试商错了。

2. 商的位置写错了。

3. 商和除数相乘算错了。

4. 减法算错了。

师：今后计算一定要注意这四个方面。为了使计算又快又准，我们需要练练基本功。那么，具体需要练哪些基本功呢？

（学生认为应该练习一下退位减法、一位数乘两位数的口算、试商的方法等基本功。）

师：最重要的是一位数乘两位数的口算，我发现有些同学做得还不够熟练。

［教师以卡片的形式出示 10 道口算乘法题目（卡片是以除法竖式的方式呈现的，竖式中只出现了除数和商），要求学生抢答出积，然后教师反馈正确答案］

（随后，教师组织学生进行了试商训练，题目由教师用课件出示）

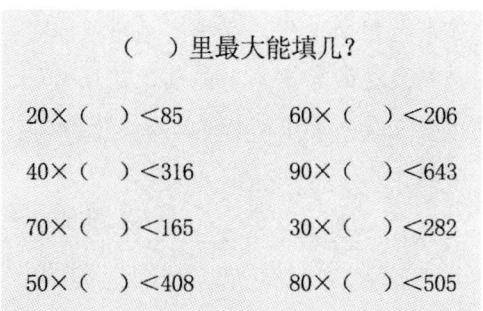

（　）里最大能填几？

20×（　）<85 　　　 60×（　）<206

40×（　）<316 　　　 90×（　）<643

70×（　）<165 　　　 30×（　）<282

50×（　）<408 　　　 80×（　）<505

四、在拓展中诱导潜能

师：做了那么多道题，老师要奖励一下大家。奖励什么呢？（学生立刻瞪大了眼睛，紧盯着教师）奖励两道难题！（课件出示"智力大比拼"题目）

（闻听此言，同学们都会心地笑了）

智力大比拼

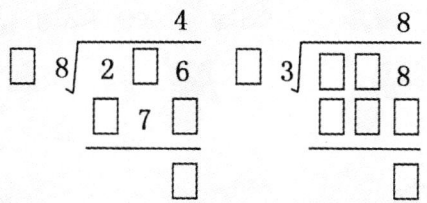

师：这两道题比较难，除法算式中有空格，需要根据除数、商、被除数之间的关系推算出来，留给你们课后去思考，比一比，看谁能做出来。特别是第二道题，就是老师们做，也得好好动一番脑筋呢！

【总评】

邱老师选择这个课题来上课，仅仅是因为学生正常的学习进度刚好到这里。在教学过程中，邱老师没有加入令人耳目一新的各类拓展资料，也没有刻意打磨能凸显教师"匠心"的非常之举，有的只是"家常货"，用的都是"家常法"，说的都是"家常话"，充盈于课堂之上的是一种质朴自然的家常气息。这样的课堂教学，真正还原了数学课堂的本真面貌，是真正为了学生发展的数学课堂生活，学生真正成为课堂学习的主人翁。这样自然实在的课堂教学，放在时下诸多公开课中，确实显得有点另类，因为教师舍弃了原本属于自己的那份光彩夺目，心甘情愿地做起了幕后辅助工作，这样的退隐很容易被听课者误解为执教者不合时宜。我想，德高望重的邱学华老师敢于这样做，正是要提醒我们每一位数学教师：学生的有效发展才是课堂教学活动永恒的主题，"教"得精彩最重要的标识就是"学"得精彩！

（本课整理者、总评者：张良朋）

2. 让孩子们在"好吃"中享受"有营养"的数学

吴正宪

2008 年 6 月 18 日是个难忘的日子,"吴正宪小学数学教师工作站"经历了一年的筹备,终于正式挂牌启动。北京市教委副主任罗洁先生前来祝贺,他的一段即兴讲话深深地触动了我和队员们,引起了我们的关注与思考。

触动——有营养的东西都不好吃

"目前儿童教育面临的最大问题是童年生态被破坏,主要表现在儿童的身心发展和生活空间被挤压,孩子感受不到童年学习的快乐。"罗主任声情并茂地讲述了女儿与他的对话:"爸爸,小的时候您总是让我吃些有营养但我并不喜欢吃的东西。真不明白为什么好吃的东西都没有营养,而有营养的东西都不好吃呢!"

女儿的话触动了罗主任,也触动了我们这个团队。

由此我想到了我们的数学课。为什么那么多"有营养"的数学,学生却不喜欢、不爱学?我们能否让"好吃的数学"与"有营养的数学"在课堂中得到和谐统一,让孩子们在"好吃"中享受"有营养"的数学?

我们常常以成人的眼光审视系统严谨的数学,并以自己多年来早已习惯的学习方式将数学"成人化"地呈现在孩子们面前。课堂上对孩子的"奇思妙想"、"异想天开"并没有太多的在意,忽视了儿童期的心理特点和学习规律,失去了儿童的情趣。正如罗洁主任所说:"我们现在的教学在拼命压缩孩子的儿童期,把它尽早地成人化。当一个孩子该享受儿童期特有的快乐生活时,在课堂生活中却享受不到。殊不知,孩子在失去儿童期应享受的幸福的时候,在成人期是永远也弥补不回来的。"是啊,我们教师要认真思考:如何才能让孩子快乐地度过人生中只有一次的幸福童年,且收获多多?

坚守——"有营养"的数学

什么是"有营养"的数学？"有营养"的数学就是在学生学习数学知识的过程中获得终身可持续发展所需要的基本知识、基本技能、数学思想方法、科学的探究态度以及解决实际问题的创新能力。总体来说："有营养"的数学一定是有后劲的，是可持续的！

要献给孩子们"有营养"的数学，我们就必须坚守多年来数学教学的规律，坚守儿童数学学习的规律；必须读懂数学，读懂教材，抓住数学的本质进行教学，为基础知识定好位、打好桩。要善于引导学生在观察、实验、猜测、验证、推理与交流的数学活动中，有机会真正经历"数学化"，获得数学思想和方法。要以数学知识为载体，培养学生思维的深刻性、灵活性、批判性和全面性，使学生会思考、长智慧。

创造——"好吃"的数学

什么是"好吃"的数学？"好吃"的数学就是把"有营养"的数学烹调成适合孩子们口味的数学，就是孩子们喜欢的数学、爱学的数学、乐学的数学、能学的数学，就是能给孩子们良好数学感受的数学。总体来说，就是孩子们喜欢的数学、孩子们需要的数学！

要献给孩子们"好吃"的数学，就必须改变我们已经习惯了的教学行为，在教育理念和教学方式上有所突破。为孩子们奉献出"好吃"的数学，最重要的是真正读懂学生，读懂属于孩子自己的课堂。了解孩子的学习需求，是改善教学行为、设计课堂教学的重要出发点。好玩儿的数学、有魅力的数学一定是伴随着孩子们千奇百怪的问题开始的，让孩子们在发现问题、提出问题的过程中亲自尝试解决问题。教师要满腔热情地保护好奇心这颗"火种"，小心翼翼地呵护孩子的求知欲。教师要关注孩子的情感体验、行为体验，尊重每个孩子的个性品质，鼓励孩子用自己的方法诠释数学意义。

"好吃"的数学可能不那么系统严谨，但是，只有属于孩子们自己的数学才是最美的数学。

"好吃"的课堂可能不那么尽善尽美，但是，只有属于孩子们自己的课堂才是最有魅力的课堂。

兼得——"好吃"又"有营养"的数学

怎样创造既能使孩子们儿时学习幸福，今后又能长远发展的数学教育呢？我想，只有在真正读懂学生、读懂数学、读懂教材、读懂课堂的基础上，才有可能为孩子们的童年奉献出"好吃"又"有营养"的兼得数学。

面对孩子们的需要，我们要一起行动。

课堂智慧

"搭配"课堂教学实录

一、描绘生活情境，激发兴趣

1. 情境引入，设计陷阱

师：同学们，每天起床第一件事做什么？（老师用动作提示）

生：穿衣服。

师：在上学之前，你还要作哪些准备？

生：洗漱，吃早饭，背上书包去上学。

师：今天，我们就一起来研究这些事中的数学问题。

师：张小兰同学遇到了一些问题，我们来看一看。

（教师在黑板上随意摆出三张卡片：一条裙子，两件不同的上衣）

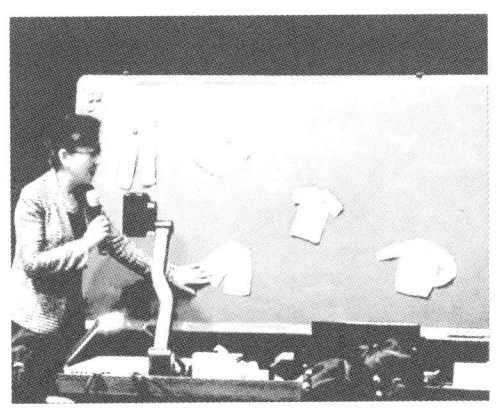

2. 区分种类，规范名称

师：一条是裙子，另外两件都是上衣，怎样区分？

生：可以把长袖的叫长衣，短袖的叫短衣。

师：（在黑板上随意摆出裤子与短裤的图片）这两件呢？

生：可以叫长裤和短裤。

师：为了我们交流方便，大家给这些服装起了不同的名字。

二、独立思考，动手操作

师：张小兰起床后，看到衣柜里有这些衣服。一件上装和一件下装穿在一起算一种穿法，这些衣服有多少种不同的穿法？

（学生有的在思考，有的动手画，有的在小声交流）

师：你认为有几种不同的穿法？

（学生汇报出 4 种、5 种、6 种、7 种、8 种等不同的答案）

师：不着急，下面请同学们先独立思考，再把不同的穿法用自己喜欢的方式记录下来，看看有几种不同的穿法。

（学生们在独立思考后选用不同的方法记录，教师在巡视过程中找出不同的记录方式，请他们到展台前准备汇报）

三、汇报讨论，探究规律

1. 汇报结果，交流方法

师：我们一起讨论大家是如何进行搭配的，看屏幕。

情况 1

生：我想把每种情况都写出来，但是还没写完。

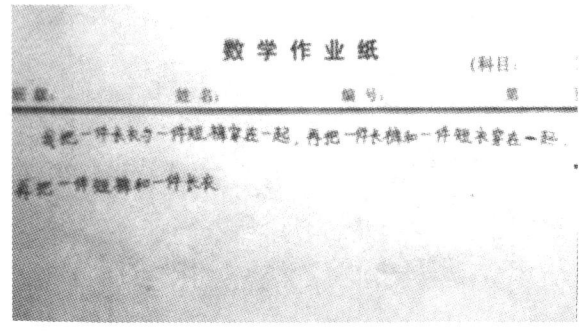

情况 2

生：我是用写的方法，写出了 3 种。

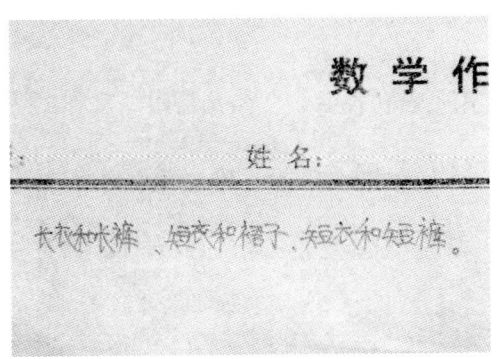

师：很多同学都是这样写的（出示多个学生总结的搭配方法）。有的写出 2 种，有的写出 3 种或 4 种。

情况 3

师：这是谁写的？你给我们读一读好不好？

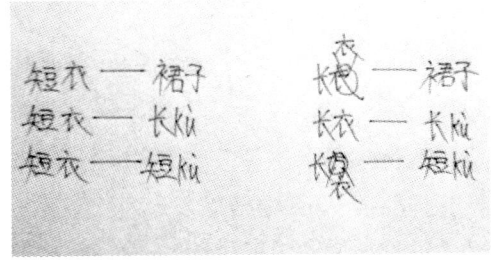

生：短衣配裙子，短衣配长裤，短衣配短裤……

师：喘一口气好不好？休息一下。"哎！"接着读——

生：（齐）长衣配裙子，长衣配长裤，长衣配短裤。

师：再喘一口气。"哎！"这是几种？

生：6 种。

师：刚才同学们展示出了不同的搭配方法，到底能搭配几种？

生：6 种。

2. 制定标准，探究规律

师：对于前面几个同学的搭配方法，你有什么想法？

生：前面几个同学在搭配的过程中，一会儿用长衣，一会儿用长裤，搭着搭着就糊涂了。

师："糊涂了"是什么意思？

生："糊涂了"就是弄乱了。

师：他们是怎么弄乱的？

生：他们一会儿用长衣和长裤，一会儿又用短衣和短裤，一点儿规律也没有，所以就弄乱了。

（教师板书：乱）

师：我们再来做一个比较，看看用第三种方法表示的同学乱不乱。

生：不乱。

生：他找齐了。

生：他没有遗漏。

师：也就是说，他找着找着就找"齐"了。（板书：齐）

师：除了这6种之外还有没有其他搭配方法？

（开始回答7种和8种的学生已经有所发现，不再举手）

师：有的同学找着找着就找乱了，他又是怎么找乱的？有的同学能够一次性把各种情况都找齐了，他又是怎么找齐的？这就是我们今天要好好研究的问题。（在黑板上"乱"和"齐"的后面画上问号）

师：通过观察这些同学汇报的结果，你发现了什么？

生：一会儿拿长裤一会儿拿短衣，就会乱，如果把长衣搭配什么和短衣搭配什么挨着弄出来，就不会乱了。

师："挨着弄出来"是什么意思？

生："挨着弄出来"的意思就是把长衣拿出来，再一个一个地搭配；然后再拿来短衣，一个一个地搭配。

师：这样搭配还容易弄乱吗？

生：不容易弄乱了。

（教师用黑板上的学具边演示边引导学生学习，然后把短衣拿出来）

师：短衣与谁搭配？

生：短衣与裙子搭配，再与长裤搭配，最后与短裤搭配。

师：这就是你们所说的"挨着搭配"。

（学生点头表示同意）

生："挨着搭配"就是拿出短衣以后一个一个地与下装搭配。

师：短衣与下装都搭配完了，该做什么了？

生：把长衣与下装再一个一个地进行搭配。

（在黑板上放好长衣后，有的学生开始把三件下装挪到长衣下面）

师：（笑）又挪过来了？那短衣怎么办啊？有没有更好的方法？

生：可以用线连一连。

师：刚才谁汇报了3种搭配方案？你来连一连看。

（学生齐说：短衣配裙子，短衣配长裤，短衣配短裤。一学生连线。）

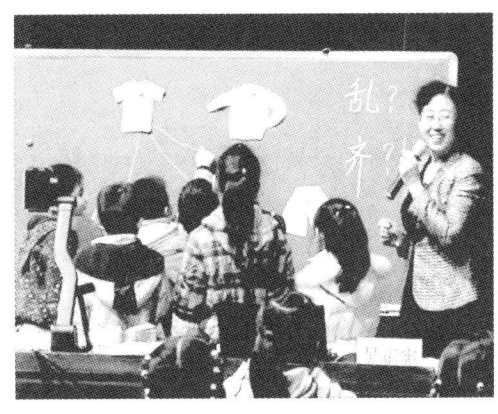

师：短衣配完了，该做什么了？

生：该配长衣了。

师：请一名刚才搭配出5种情况的同学来连一连（换了一种笔）。

（学生齐说：长衣配裙子，长衣配长裤，长衣配短裤。一学生连线）

师：所有情况都搭配齐了吗？

生：搭配齐了。

师：这就是刚才你们说的"一个一个挨着搭配"。这样搭配还乱不乱？

生：不乱了。

师：我们回过头来再看一看，开始汇报的第三种情况是不是就是这样搭配的？

生：是。他就是先拿出短衣配成3种，再拿出长衣配成3种的。

师：我们再看其他几个同学，一会儿用短衣，一会儿用长裤，一会儿用裙子，这样的搭配方法有什么缺点？

生：容易乱。

师：那么我们是怎样从乱到不乱的？

生：按照规律搭配就不乱了。

生：按照一定的顺序搭配就不乱了。

师：看来搭配的秘密让你们发现了，开始，老师在黑板上摆的是乱乱糟糟的，有些同学搭配起来也是没有规律的，现在我们让它们变得整齐了。从乱到不乱的过程，是按照一定的顺序，这个顺序也就是你们所说的"规律"。

3. 规范方法，引发思考，渗透符号化思想

师：很多同学用文字叙述来表示不同的搭配情况，但也有同学的记录方法与他们不同。

（出示两种记录方法）

 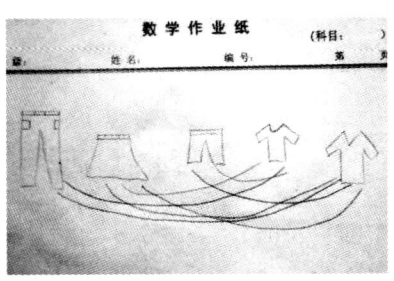

师：这两种方法怎么样？

生：把图画出来的方法挺清楚的，但是第一个同学没有连线，第二个同学线画得有点乱。

师：画图的方法确实挺好的，可是老师发现，有一个同学画图的方法与其他同学不一样。

（出示）

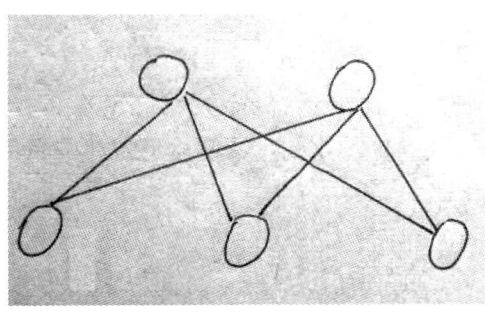

师：这种方法能不能表示搭配的不同情况？

生：他表示得不清楚，不知道哪个是上衣哪个是下装。

师：（请画图的同学）能说说每个圆代表什么吗？

生：上面的两个圆一个代表长衣，一个代表短衣；下面的三个圆分别代表裙子、长裤和短裤。

师：你自己知道，我们不明白。还有什么好的方法吗？

生：她可以把上衣和下装用不同的形状来表示。

师：怎样用不同的形状来表示？

生：可以把上衣用三角形、下装用圆形表示。

师：把它画出来好吗？

（学生画图后出示）

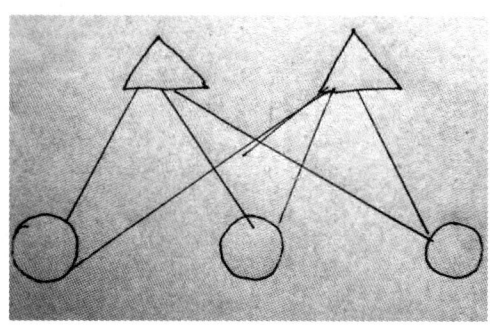

（有的学生发出"哇"的声音）

师："哇"是什么意思？

生：我看出来这些图形不一样，就能很容易地区分出上衣和下装了。

师：你能说说它们都代表什么吗？

生：两个三角形代表上衣，三个圆代表下装。

师：这样画图有什么优点？

生：这样画图就能把上衣和下装分开，分开后就好搭配了。

师：用这种方法分开后，就容易表示搭配的不同情况了。除了用前面两种方法表示外，还有其他方法吗？

生：我是用数字加连线的方式表示的。我用 1 和 2 表示上衣，3、4、5 表示下装。

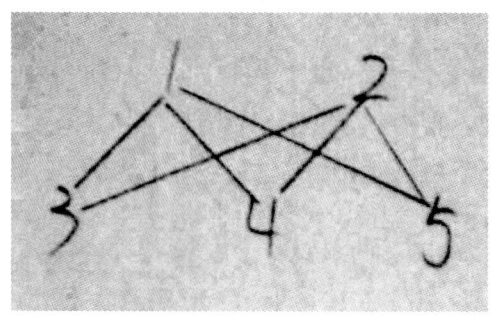

师：他的方法简便吗？

生：简便。

师：你们能给他提点儿意见吗？

生：你的1和2为什么不画连线？

生：1和2都是上衣，怎么能连线呢？

生：但是你并没有把它们区分开呀？

（用数字连线的学生在思考……）

师：能帮他修改一下，让它们便于区分吗？

生：可以用图形表示上衣。

生：也可以用字母表示上衣。

师：好极了，你来改一改。

（学生动手把数字改成字母）

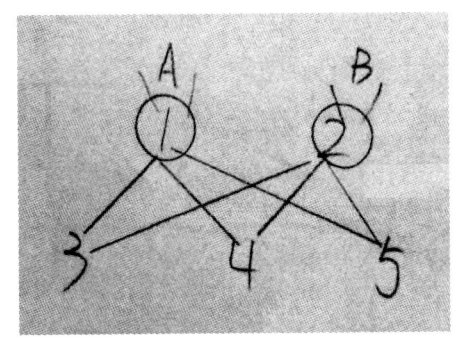

师：这种记录方式有什么好处？

生：用A、B表示上衣，用3、4、5表示下装，这样就能把不同的服装分类了。

师：分类有什么好处？

生：同类之间不能搭配，就不用连线了。

4. 声情并茂，初步渗透乘法原理

师：同学们用了这么多不同的展示方法，大家用什么样的方法都可以，但怎样才能做到不漏也不多呢？

生：要按照一定的顺序。

生：要按照规律挨着搭配。

师：刚才没有搭配全的同学，你们有什么想法？

生：我发现搭配方式是有规律的，不能乱搭配。按照一定的顺序就能排好。

生：只要按照规律搭配，就不会重复也不会漏掉了。

师：刚才，通过讨论，大家又有了新的思考。我们可以用动作来表示一下。

师：短衣与下装搭配的时候，一下子搭配了几种情况？大家和老师一起来，短衣——"刷"，几种情况？（语言与动作结合）

生：3种。

师：我把它记录下来。（板书：3）

师：短衣搭配完了，再来用长衣搭配。长衣——"刷"，又搭配出几种情况？

生：又多了3种。

师：我再把它记录下来。（板书：3）

师：有的同学好像又有了新发现。如果再来一件上衣，预备——齐——"刷"。

（学生与老师同时用手势和语言"刷"来表示3种搭配情况）

师：接下来我把这个同学的上衣借上来，预备——齐——

生："刷"，又多了3种。

师：这回吴老师的上衣也上去了，预备——齐——

生："刷"，又多了3种。

师：如果现在有9件上衣，能够搭配出多少种不同的情况？

生：27种。

师：你怎么这么快就得出结论？

生：因为"三九二十七"。

生：因为有9个3种。

师：没想到，9件上衣和3件下装搭配，你们都可以这么快算出结果。

师：我们再从下装与上衣搭配的角度来看一看。请你也用手势和声音表示出来。

生：裙子和上衣——"刷"，2种。

生：长裤和上衣——"刷"，又是2种。短裤和上衣——"刷"，又是2种。（教师依次板书：2，2，2）

师：又来了一个短裤。

生："刷"，又多了2种。

师：现在有10件下装，能和这2件上衣搭配出多少种不同的情况？

生：2乘以10等于20种。

师：看来，同学们在"刷，刷，刷"中又发现了规律。

5. 迁移拓展，发散思维

师：每天我们上学前都要吃早点，如果把2件上衣分别改成"牛奶"和"豆浆"，3件下装分别变成"包子"、"面包"和"汉堡"，一种饮料与一种主食搭配算一种情况，有多少种不同的搭配方法？

生：6种。

师：你是怎么这么快得出结论的？

生：这道题虽然是吃的问题，但是与刚才穿衣服的问题道理是一样的。

师：很会思考问题。

师：吃过早点之后，我们应该做什么了？

生：上学去。

师：上学路上还会有关于搭配的问题。

师：张小东同学在上学的路上要路过一个图书馆，我们用字母 A 来表示小东同学的家，用字母 B 来表示学校。从家到图书馆有 3 条路，这 3 条路可以怎样表示？

生：可以用 1、2、3 来表示。（教师标注）

师：从图书馆到学校也有 3 条路，可以怎样表示？

生：可以用 4、5、6 表示。

生：用 4、5、6 表示不好，不容易与前面的路区分，应该用 a、b、c 表示。

师：（问回答"用 4、5、6 表示"的学生）你觉得呢？

生：我同意他的意见。（教师标注）

（教师在黑板上画出示意图）

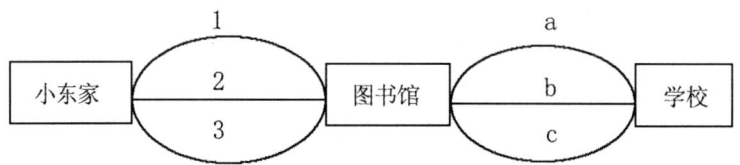

师：小东同学从家路过图书馆到学校，有多少种不同的走法？

（教师请一个对第一个问题只做了 2 种搭配的学生到黑板前，给其他同学进行讲解）

生：可以走的路线有 1a、1b、1c——

师：一起帮他喘口气。

生：（齐）哎！

生：还有 2a、2b、2c——

生：（齐）哎！

生：最后是 3a、3b、3c。

生：（齐）哎！

师：一共几种？

生：9 种。

师：你们有什么想法？

生：只要有顺序地找，就能找得不多也不少。

生：一个一个地挨着找，才不容易找错。

生：找的时候一定要有规律，才能够把所有情况找齐。

四、互相倾听，反思接纳

师：同学们，就要下课了，你们有收获吗？

生：我的收获是做什么事都要有规律，不能够没有顺序。

生：我学会了可以用一个简单的图代表一件事情。

师：今天学的穿衣服的事情，怎么吃饭、走路的问题，你们怎么解决呢？

生：就是把穿衣服的道理拿过来，用在吃饭、走路上。

生：我开始时做错了，后来和同学们一讨论，就学明白了。

生：我觉得学习原来能够这样有趣，我非常开心。

（本课整理者：李继东）

3. 师者若水

华应龙

一

"上善若水"是老子的名言。

40 多年的所见所闻、所做所悟，让我体味到：师者若水。

师者若水，宽容博爱。老子曰："水善利万物而不争。"水不在深，有龙则灵；师不在名，有爱则灵。师者应有博爱的胸怀，容纳一切学生，容纳学生的一切。

师者若水，和顺温柔。泰戈尔说："不是槌的打击，乃是水的载歌载舞，使鹅卵石臻于完美。"抽刀断水水更流，师者至柔为上，温温恭人。

师者若水，水滴石穿。李白吟："君不见黄河之水天上来，奔流到海不复回。"学生反复 100 次，教师做 101 次转化工作，乃把懵懂无知的孩子培育成才。

师者若水，随物赋形。苏辙诵："圆必旋，方必折，塞必止，决必流。"水无定形，教无定法，因材施教，因地制宜。

师者若水，善待时机。老子道："动善时。"水遇热成气，遇冷结冰，遇风起浪，遇水相融。课堂教学亦当因时而变，水到渠成，行到水穷处，坐看云起时。

师者若水，灵活自在。孔子说："知者乐水，仁者乐山。"水有时细腻，有时粗犷，有时妩媚，有时奔放。师者知性，灵动清明，惹人喜爱。

师者若水，公正无私。子曰："至量必平，似正。"器歪水不歪，物斜水不斜。水不汲汲于富贵，不戚戚于贫贱。师者不跪着教书，心中一泓清泉。

师者若水，心如止水。庄子说："人莫鉴于流水，而鉴于止水。"静水流深，波澜不兴，师者淡泊名利，志存高远。

师者若水，载舟覆舟。庄子说："水之积也不厚，则其负大舟也无力。"海纳百川，有容乃大，师者自强不息，厚德载物。

我以为，水最值得我们教师学习的，是"往低处流"。

当我们"往低处流"时，才会真心倾听学生的发言，学生被尊重的需要才能得到满足；当我们"往低处流"时，才会好奇地想看看学生那边会有什么风景，而不再做摸象的盲人；当我们"往低处流"时，才会惊讶于学生的发现，明白"我的认识是对的，与我不一样的不一定就错"；当我们"往低处流"时，才会真诚地欣赏和夸奖学生，好学生是被夸出来的，这不是个传说；当我们"往低处流"时，才会从善如流，从容地与学生一起行走。

而如今在课堂上，我们教师往往自以为是，往往认为老子"教室"第一，往往不肯放低姿态，往往不愿意蹲下来听听孩子们的心声，往往不愿意倒空自己杯子里的水。

哲人语："宇宙有多高？只有五尺高。"六尺之躯的我们要在五尺高的宇宙里生存就必须低头。

只有师者低首往低处流，学子才会抬头往高处走，这才是新课程呼唤的充满生命活力的课堂的迷人景象。

俗话说："人往高处走，水往低处流。"其实，要往低处流，先得往高处走。

师者若水。课前，师者要往高处走，提升、丰厚自我；课上，师者要往低处流，接纳、欣赏学生；课后，师者依旧要往高处走，反思、深化经验。这样，我们的人生修为才能渐臻至善——"水唯能下方成海，山不矜高自及天"。

"君子见大水必观焉。"

师者若水。

上善若水。

二

"解决（连乘）问题"一课讲完了，在热烈的掌声中，听课老师们纷纷向我投来钦佩的目光。

我接受着。

一位老师走到讲台前，眼睛有些湿润，脸庞微红，声音有点颤抖："华老师，您好！我十分佩服您，特别是学生出错以后您的处理方式。太感谢您了！"听得出，她是一位不善言辞的老师，感受得到，她是一位真诚的朋友。

我猜想，这位老师可能不知道，我的研究方向就是如何对待学生的差错，如何"融错"，她的直觉太妙了。

我享受着。

这班学生太可爱了，非常地灵巧，虽然基础知识和基本技能掌握得不是十分扎实，一会儿这里错一点，一会儿那里错一些，但是他们一点就通。

泰戈尔说："当乌云被阳光亲吻时，它们就变成了天空中的花朵。"原初，学生的差错是课堂上空的片片乌云，当我们直面现实，以阳光的心态来观照时，就可以观照出这些差错所蕴涵的发展价值，当我们评价在对错之外时，那些差错就幻化成了课堂上的朵朵奇葩。

我要讲"解决问题"，讲寻找条件，讲解题思路，学生却出现了计算出错的问题，出现了书写格式的问题，出现了小括号作用不明的问题，出现了不知道得数后面写不写单位的问题。那又有什么办法呢？课堂就是这样。就像医生不能要求病人只能生什么病、不能生什么病一样。

继而，我想，教师是否也可以像医生那样专业和大气，当自己实在无能为力、回天乏术的时候，不妨邀请大家会诊，不妨指点病人另就高明。我们是否因为总想包治百病，反而妨碍了专业的发展，阻滞了有效课堂的进程？

从课的结构看，开始的环节组织得不好，引导得不妙，经过班组求和、男女求和、差比求和、年级求和的漫长过程，耗时过多。

预设的时候，我考虑帮助学生回顾一下两步计算问题的解决过程。因此，在学生试探性地回答"一组 12 人，二组 12 人，三组 14 人，四组 14 人"之后，我问学生，"还可以告诉我什么呢"，应该说，后面的发散环节是我主导的。如果在出现意料之外的小组求和之后，我就引导"假如 4 组都是 12 人，求全班人数，该怎么办呢"，那样就能一下实现一步乘法的过渡，同时又巩固了乘法的意义。

不枝不蔓，可能更美。

我反思着。

不过，有时候教学的效果可能就是歪打正着，我们教师也许并不清楚哪一句动情的话语唤醒了学生的天耳，并不知晓哪一抹热情的目光点燃了学生的心灯。

有意栽花花不发，无心插柳柳成荫。那么，我们教师的专业追求又是什么呢？又为什么要追求呢？

孔子说："从心所欲，不逾矩。"这，应当是我们修炼自身所要追求的境界。佛陀说："应无所住而生其心。"这，应该是我们修炼的方法。不执著于自己的课前预设，保持一颗开放的心，向学生敞开，向课堂敞开，那么，我们就会走向自由和自在。

课堂智慧

当阳光亲吻乌云
——以解决（连乘）问题为例的融错教育

在汶川大地震两周年前夕，北京市对口支援的什邡市邀请我去讲学，确定的教学内容是人教版小学数学三年级下学期第 99 页"解决（连乘）问题"，要求讲座的内容是"如何提高'解决问题'教学的有效性"。

接到任务后，我在思考——

现在的"解决问题"教学与传统的应用题教学有什么不同？我们应该如何扬弃传统的应用题教学经验？

问题情境是一节课的眼睛，设置得好，是可以顾盼生辉的。当然，情境最好是真的、自然的。教材中"3 个方阵一共有多少人"的问题情境如何呈现？为什么要解决这样一个问题呢？针对这一情境，学生可能会提出什么问题？有更合适的问题情境吗？

学生列式解答连乘问题有困难吗？如果在正确理解题意的基础上，学生都能解答，那么教学的帮助和提升作用又体现在哪里呢？为什么要上这节课呢？

理想的课堂应当不仅传授知识，还要启迪智慧，更要点化生命。那么，这节课教学的智慧点在哪里？又如何点化生命？

经过一个多星期的思考，我确定了本节课的内容，如下——

教学目标：

（1）经历解决问题的过程，学会用乘法两步计算解决问题。

（2）通过解决具体问题，获得一些用乘法计算解决问题的活动经验，感受数学在日常生活中的作用。

（3）渗透爱的教育，让爱在师生们的心间传递。

教学重点：进一步熟悉解决问题的步骤，学会寻找条件。

教学难点：学会叙述解题思路。

课前了解：在灾后重建中，班上有没有被帮助的典型故事？班上有没有孤儿？有没有单亲家庭的孩子？有没有人收到过千纸鹤？会不会折？有没有为玉树的小朋友做些什么？

在进行一番准备之后，我们 12 位北京市中小学教师代表一同前往什邡。到达什邡后，我们欣喜地看到一派新气象：宽阔的公路、崭新的民房、绿油油的庄稼、幸福的笑脸……学校的建筑在当地是最气派的。在地震遗址公园，我们被倾斜的楼房、下陷的地基、扭曲的管道、废墟中的书包深深地震撼：在大自然面前，生命是多么脆弱。

带着非常特别的心情，我走上了什邡市朝阳小学的讲台。

一、交谈引入，现问现解铺垫问题

师：孩子们，我知道你们是三年级（3）班的同学，我们班一共有多少人？

生：（齐）52 人。

师：假如不直接告诉我，该怎么办呢？

（学生不明白老师表达的是什么意思）

师：你可以告诉我什么，让我来算。那能告诉我什么呢？

生：（怯怯地，不敢肯定）一组 12 人，二组 12 人，三组 14 人，四组 14 人。

师：对！知道一组一组的人数，我就可以算出我们班一共有多少人。怎么列式呢？

生：12＋12＋14＋14＝52（人）。

师：还可以告诉我什么呢？

生：我可以告诉您女生的人数和男生的人数。

师：这样也可以，怎么做呢？

生：只要合起来就可以了。

师：也可以只告诉我男生的人数，再告诉我女生比男生多多少人或者少多少人，这样好不好算呢？

生：（齐）可以，好算。

师：谁会算？你能说一说怎么算吗？

生：女生比男生少 4 人。

师：想算全班有多少人，要先算什么？

生：要先算女生有多少人。

师：对，要先算出女生的人数，再把男生的人数和女生的人数合起来，就是全班人数。现在我知道了，我们全班有52人。我又有一个新的问题了，我们全校大概有多少学生，你们知道吗？

（有的学生睁大眼睛，惊讶地扫视别人；有的孩子疑惑地看着老师）

师：不知道的话，帮老师出个主意。我怎样才能知道全校有多少学生呢？

生：（一口气说出）一年级人数＋二年级人数＋三年级人数＋四年级人数＋五年级人数＋六年级人数。

师：行不行？

生：（齐）行——

（孩子们脸上露出笑容，自觉地鼓起了掌）

师：我很佩服这个小伙子！还可以怎么办？请动脑筋想一想。

（教师板书：全校有？名学生）

生：还可以问。

师：问谁？

生：（羞涩地回答）问校长。

师：直接问校长全校有多少学生，多没意思。我只想知道大约有多少学生，可以怎么问？

（学生面面相觑，不知如何是好。过了一会儿，一个孩子举起了手。）

生：每个班大约有50人，50人乘以班数。

师：真是好样的！所以，我们只要问校长我们全校有多少个班就可以了。（转头问校长）请问校长先生，咱们学校有多少个班？

校长：有26个班。

师：全校有26个班，你能不能算一算全校大约有多少名学生呢？

（待学生们在练习本上计算后，教师从中拿出以下算式放在投影仪上）

$$\begin{array}{r} 26 \\ \times 50 \\ \hline 3000 \end{array}$$

（有孩子边举手边说：错了）

师：算错了没关系，我们看看哪儿错了。

（学生们边看投影边议论）

师：还是让他自己说说错在哪儿了吧！

生：少算了，应该是1300。

师：（带头鼓掌，由衷地感叹）真好！真好！这个小伙子真不错，开始说3000，大家有不同的声音，他思考之后说"少算了"。反应真快！哪儿少算了，你们发现了吗？

（孤孤单单的一个声音说道："没有。"其他同学议论："不是少了，是多了吧？"）

师：（笑着）我明白了，你们都同意多算了，多算有多算的道理，少算有少算的理由。说多算了，是结果多了；说少算了，是过程少了。哈哈哈！我们看看过程哪儿少了。

生："2"还没有乘呢。

师：（指着投影上的错题）对，5×6＝30，2×5＝10，再加上——

生：进位的3，就是1300。

师：自己又算对了，多好啊！我们应该给他掌声。他能发现错误，并且能改正错误，这是华老师最欣赏的！（众学生鼓掌）

师：现在我们算出来了，全校大约有1300名学生。（扭头面向校长）我们全校有多少名学生？

校长：1280人。

（学生们惊讶地"啊"了一声，一脸灿烂）

师：大约有1300人，真准！

二、顺水推舟，找准条件贯通思路

师：我从刚才这么简短的交流中，发现我们三（3）班的同学都很会动脑筋。假如一个学校每个年级有4个班，每个班有50人，你能算一算全校有多少人吗？

（教师边说边板书：每个年级有4个班，每个班有50人）

（学生计算，教师巡视后，取来一位学生的练习放在投影仪上）

$$4×6=24$$

$$\begin{array}{r} 24 \\ ×\ 50 \\ \hline 1200 \end{array}$$

（学生看后，有人说错了，有人说对了）

师：认为错了的同学请举手（大部分同学举起了手），认为对了的同学请举手（有五六个人举）。哪位同学愿意做小老师，给大家讲一讲，为什么说他这道题错了？

生：那个 50 是从哪里来的？

生（被投影的练习的主人）：每个班有 50 人。

生：24 从哪里来的？

生：有 4 个班啊！每个年级有 4 个班，有 6 个年级，所以 $4×6=24$。

师：我觉得你问的问题很厉害。我也问问，$4×6=24$ 求的是什么？

生：求的是全校一共有多少个班。

师：那 $24×50$ 求的是什么？

生：求的是全校共有多少人，结果是 1200 人。

师：刚才说他错了的人呢？他哪儿错了？

生：他写竖式时数位没有对齐，$24×50$，"0" 应该和 "4" 对齐。

师：我没有想到同学们对自己的要求这么严格，确实这个 "0" 既可以写在 "4" 的下面，但也可以把 "0" 放到后边。两个写法都正确，结果是不是一样的？

生：是。

师：如果把 "0" 放到后面怎么计算？哪位同学愿意做小老师，给大家讲一讲？

生：如果把 "0" 放到后面，就先算 $24×5$，然后再把 "0" 添上去。

师：很正确！把 "0" 放在 "4" 的下面也可以，就是计算时麻烦了点儿。

（孩子们纷纷点头，不再认为刚才的计算是错的了）

师：现在我们知道了，全校有 1200 名学生。做错的同学想一想，刚才自己错在哪儿了。谁能勇敢地说一说？

（没有学生敢举手发言）

师：学习就是这样，正因为自己有不会的，才需要学习；要是都会了，我们也就不需要学习了。

（渐渐地，有几个孩子举起了手）

生：刚才我把我们学校的学前班也算进去了，所以乘的数是7，就是28个班。

师：大家说说，他的算式有没有道理？对，问的是全校，我们学校有学前班，就得算。哈哈哈！他的解答也是有道理的。

生：4×6这一步我没有列出式子，直接用24×50了。

师：（笑着）同学们对自己的要求很严格。一会儿用横式，一会儿用竖式。这个怪我，我没有讲清要求。（指向"直接用24×50"的学生）你能都写成横式吗？你说我写。

生：4×6＝24，24×50＝1200。

师：要不要写单位名称？（开玩笑地）不写要扣分的哟——

（同学们窃笑，气氛越来越活跃）

师：24后面写什么单位？

（有的学生说"班"，有的学生说"个"）

师：哪个最好？

（学生们还是各说各的）

师：好的。让我说，我认为应该写"班"，因为那样可以突出全校有24个班。1200后写什么？

生：（齐）1200"人"。

师：你们知道如果上海的小朋友做这道题，他们会怎么列式吗？

（学生们安静下来，认真地看着老师板书）

$$4×50×5$$
$$＝200×5$$
$$＝1000（人）$$

师：这个式子你看得明白吗？你说是对还是错？

（学生们议论纷纷，有的说对，有的说错）

师：为什么你认为是错的？请说明理由。

生：他没有写括号。

师：哪里要写括号？你过来添上。

（孩子快步上前，把4×50括了起来）

师：为什么要加括号？

生：如果不加括号，就会被别人看做50×5。

（学生们开始反驳："不一定。"）

生（另一名）：如果不写括号，就应该在第一步的后面写等于号算出结果。

师：我很佩服我们三（3）班的同学，大家都很爱动脑筋，也能认真观察，还能大胆地猜想。是猜想就有可能是错误的，我们来看看这道题。我们以前学习过小括号，为什么要有小括号啊？因为加了小括号就要先算小括号里面的。现在这个连乘的式子没有小括号，我们就要从左往右一步一步地去计算，就是先算 4×50，所以不用加小括号。好了，孩子们，你们知道为什么上海的同学会写出这样一个式子吗？

生：（理直气壮地）我觉得这个式子是错的。因为有 6 个年级，不是 5 个。

师：你的判断完全正确。

（孩子们自己鼓起掌来）

师：不过，他们这么做，还是有道理的。因为上海有很多小学就是 5 个年级（学生惊讶）。看来，与我们不同的回答，不一定就是错的。（学生们似有所悟）不管乘以 5 还是乘以 6，我们都要先想一想：有几个年级呢？要想知道全校有多少人，（指着板书）我们该怎么想呢？（学生们没有反应）

师：先去想——每个年级有多少人？（板书：每个年级有？人）再去想——有几个年级？（板书：有？个年级）

师：要求出每个年级有多少人，该怎么计算呢？

生：用全校的人数除以几个年级。

师：真好，可现在我们就是要算全校人数呀，它是不知道的。

生：4×50，4 是每个年级有 4 个班，50 是每个班有 50 人。

师：所以，要求出年级人数，就要知道每个班有多少人，（板书：每个班有？人）这个年级有几个班。（板书：有？个班）

要求出全校有多少人，我们应该怎么想呢？谁能看着板书说一说？

（学生们坐在座位上自己试着说）

生：（在老师的帮助下）要求出全校有多少人，就要用每个年级的人数乘以年级；要求出每个年级的人数，就要用每个班的人数乘以多少个班。

师：我发现同学们都会做，但不怎么会说，所以我们要把这个思路再说一下。

（教师指着板书示范，同学们跟着说）

师：我们还可以从下往上想，根据每个班有多少人和有几个班，我们可以算出每个年级有多少人；再根据每个年级有多少人和有几个年级，我们就可以求出全校有多少人。（让同桌两人互说解题思路）

三、巩固练习，自解自述例题思路

师：（投影教材例 1，如下图）你看到了什么？

3 个方阵一共有多少人？

生：我看到有同学在做早操。

师：你还看到了什么？

生：每行有 10 个人，共有 8 行。

师：你还想知道什么？

生：有几个方阵？

（教师把图片投影中的遮挡物挪开）

生：（齐）3 个方阵。

师：如果让你算 3 个方阵一共有多少人，你会算吗？

生：（跃跃欲试）会。

师：既然你们都会，我就不教了，你们自己算。

（教师组间巡视）

师：（展示一学生作业）华老师看了一遍，确实非常佩服你们，同学们基本上都是这么做的：80×3＝240（人），但你们是怎么想的呢？列式解答，大家没问题；说思路呢，有些难。谁能勇敢地说一说解题的思路？

生：有 8 行，每行 10 人。8×10＝80（人），就求出了 1 个方阵有多少人。共有 3 个方阵，就用 80×3＝240（人）。3 个方阵一共有 240 人。

师：说得特别清楚流利，给她掌声！

（掌声中，该女生得意地坐下，迎来羡慕的目光）

师：现在你会说了吗？

生：（孩子们都点点头）会——

（有不少同学举手，想试着再说一说）

生：每排有 10 人，有 8 排，每个方阵 80 人，3 个方阵就是 3×80＝240（人）。

师：我们可不可以换一种说法？要想求出 3 个方阵一共有多少人，我们就要先算出什么？

生：1 个方阵有多少人。

师：对，要求出 1 个方阵有多少人，那该怎么算呢？

生：（学生都把小手举得高高的，喊道——）8×10＝80 人。

师：看每行有多少人，有几行，这就需要我们自己去找。还有算式与这个不一样的吗？

生：我的做法是 3×8＝24（人），24×10＝240（人）。

师：想想他是怎么想的。谁能做小老师给大家讲明白？

生：先求 3 个方阵的横排，再乘以有多少个这样的横排。

师：我发现你真是他的知音，你完全明白，但你说的有些问题。孩子们，我们一起来看，3×8 算的是什么？你们自己说一说。

生：有 3 个方阵，每个方阵有 8 排，3×8＝24。

师：24 表示的是什么？

生：有 24 排。

师：对，应该是"24 排"，而不是"24 人"。

生：一排有 10 人，所以再乘以 10。

师：他思考的路子和我们的不一样，但也是对的。

四、创设情境，传播美好大爱种子

师：（神秘地取出红、黄、绿、蓝、粉色的一叠彩纸）这是老师从北京带来的。

众生：（惊呼）太漂亮了！

师：（拿起一张）一张纸把它对折，再对折，我们把它平均分成了几块？

生：4 块。

师：每张小纸可以折成一个像这样的纸鹤。（展示自己折的纸鹤）

众生：（由衷感叹）太棒了！

师：我想问问，这么多的纸可以折多少只纸鹤，你怎么算出来？

生：每张纸可以折 4 只纸鹤，有多少张纸就乘以多少。

师：真好！那么这些纸一共有多少张呢？我告诉你，有 5 种颜色的纸，每种颜色的纸是一样多的，你想问我什么？

生：每个颜色的纸有多少张？

师：每种颜色的纸有 50 张。你还想问什么吗？（无人问）你能算出一共可以折多少只纸鹤吗？

生：50×5 算的是一共有多少张纸，再乘以 4，结果就是可以折出多少只纸鹤。

生：1000 只。

师：大家都会做了，下课后把这些彩纸拿回去自己折。想一想，折出来的千纸鹤准备送给谁？

众生：（纷纷地）老师、华老师、现场的老师、爸爸、妈妈、小伙伴……

师：真好，因为送出一只纸鹤就是送出一份心愿、一份祝福。有没有谁想到送给不是自己身边的人？

生：我想送给玉树的小朋友。

师：为什么？

生：因为他们那里受灾了。

师：她要把千纸鹤送给玉树的小朋友，我十分佩服她！这让我想起上周在报纸上看到的一篇文章——

> 美国东部一个风雪交加的夜晚，推销员克雷斯的汽车坏在了冰天雪地的山区。野地四处无人，克雷斯焦急万分。因为如果不能离开这里，他就会被活活冻死。这时，一个骑马的中年男子路过，他二话没说，就用马将克雷斯拉出了雪地，拉到一个小镇上。当克雷斯拿出钱感谢这个陌生人时，中年男子说："我不求回报，但我要你给我一个承诺。当别人有困难时，你也要尽力去帮助他！"在后来的日子里，克雷斯帮助了许许多多的人，并且将那位中年男子对他的要求同样告诉了他所帮助的每一个人。
>
> 多年后，克雷斯被一场洪水围困在一个小岛上，一位少年帮助了他。当他要感谢少年时，少年竟然说出了那句克雷斯永远也忘不了的话："我不求回报，但我要你给我一个承诺……"克雷斯的心里顿时涌起了一股暖流。

（聚精会神听故事的孩子们脸上露出了会心的笑容）

师：是啊，爱心是无价的，是不求回报的，它还可以在心和心之间传递，这就像是一个连乘的式子。

（教师板书：一个人的爱心×你×我×他×……＝美好的人间）

师：只要人人都献出一点爱，世界将变成美好的人间。这次来到汶川，让我感受到另一个连乘的式子。

（教师板书：一个人的爱心×13亿×365＝爱的海洋）

（师生一起轻声朗读这个式子）

师：爱的海洋可以解决任何问题。（板书课题：解决问题）

五、回马一枪，点破问题解决关键

师：（看表）孩子们，我们已经上了42分钟的课了，该下课啦！

生：（全都不停地摇头）不好，不好，NO——

师：按照老师的设计，是没有讲完，但时间已经到了。大家的表现都非常好，今天就上到这里。

生：（依依不舍地）不好，不好。

师：（迫不得已）那我们就再上一会儿？

生：（齐刷刷地喊）好——

师：看看谁最会动脑筋。打开数学书，最下面的一道题，看你能想到多少算式，咱们进行比赛，看看谁的方法多。

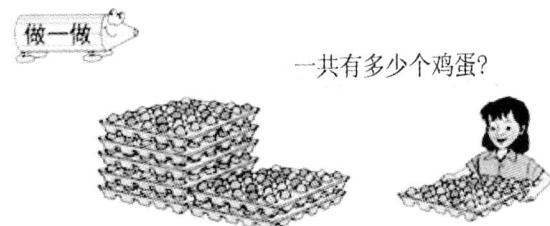

一共有多少个鸡蛋？

（学生们写后，进行小组讨论，老师巡视）

师：我看到好多同学的脸上都洋溢着笑容，也看到有的学生忙着动笔写。这说明了什么？

生：有的对，有的错。

师：哈哈哈！其实，不管是对了还是错了，你都会有收获。做对了的同学，可以说说你的经验；做错了的同学，可以分析分析是怎么错的。

生：我数错了，我数成29个鸡蛋了。

师：你真细致！他想一层一层地数出来，这个教训挺好的。不应该一个一个地数，而应该数有几行，再数一行有几个。这样"算"出一层，而不是"数"出一层。解决问题，需要智慧地选用策略，找准条件。谢谢他提醒了我们。为他鼓掌！

生：我算错了，算成了 $30 \times 80 = 2300$（个）。（全班哄堂大笑）

师：（也笑）孩子们，基本计算能力是解决问题的一个保证。大人们一般喜欢说"不管三七二十一"，（面向大家，指着该生）你可要记住"不管三八二十四"哦！（全班都笑了）现在我们可以下课了，孩子们！

众生：（仍不依不饶）不可以。

师：一堂课解决不了所有的问题。你们的心情我理解，我也觉得跟同学们一起学习很享受。但是老师们后面还有其他活动，我们不能为了满足自己的愿望，而妨碍了老师们的活动。大家说呢？

众生：（点点头，又很不情愿地）嗯——

（本课整理者：王红）

4. 学习"更好的数学"

林良富

我们该为学生准备什么样的数学学习，是每个数学老师经常追问的话题，每个人都会有不同的理解、不同的表述。一部分老师认为，教学内容是教材已经编排好的，教学目标是课程标准、教参已经规定了的，教学过程是执行教材；而我却一直在思考，怎样为学生准备"更好的数学"学习。当然，不同阶段、不同的人，对"更好的数学"会有不同的理解，但"更好的数学"应该有几个明确的标准：①有用的、人人都必须获得的基础数学，它能建立数学学习的平台，为后续学习、终身学习打下良好的基础；②形象、生动、富有挑战性的数学，它作为学生喜闻乐见的素材、活动场景，最容易被学生接受；③能引领学生去尝试、去经历、去发现的思维的数学，它作为教学推进的活动主体，凸显了过程性、结构性和数学化，能引领学生逼近数学的本质；④应用、创新的数学，它作为一个学习整体，与人的生活世界息息相关，与其他学科紧密联系，凸显了数学的现实性与再创造，是数学学习的最高追求。

教师要为学生提供"更好的数学"，还必须深刻认识数学教学的本质。首先，数学教学过程是师生共同发展的生命历程：通过师生的真情付出、激情演绎、有效互动，让学生在经历的过程中不仅获得知识与技能，形成方法和思想，同时也获得精神的生长；让教师在教学的过程中分享师生的成功、曲折、喜悦，同时获得专业上的成长与人生价值的提升，这正是数学的本质所在。其次，数学教学要充分尊重学生的数学现实（即已有的经验和知识）和认知心理的一般规律，通过有效素材的选择和合理活动的设计，让学生亲身经历对现实进行"数学化"的过程，使数学变成学生自己"再创造"的产物。这一过程正好吻合了弗赖登塔尔所认识的数学教育的主要特征——现实、数学化、再创造。再次，数学教学的本质也应该是以数学思维为核心的数学发生、发现、发展的过程教学，要在课堂中体现出"浓浓的数学味"，让学生学会数学地思维，形成以数学的视角去观察、分析、发现世界的意识。

具体到每一个年级、每一个单元、每一节课的教学，我们需要考虑的更多。例如，如何解读教材、解读学生、解读课堂；如何基于学生的现实基础、认知心理年龄特点、课标的要求制定凸显数学本质的三维学习目标；如何基于学生学习的需要科学选取典型的学习素材；如何遵循各类事物认识的一般规律与本课时知识的学科特点，设计更吻合学生学习路径的板块活动；如何设计和提出具有挑战性的关键问题，促使学生不断思考；如何为学生搭建活动的平台，并在活动中展示、提升学生的思维水平；如何保证学生拥有更充分的思考、交流的时间和空间；如何优化练习的设计，处理基础与创新的关系，等等。

为此，我在教学实践中积极尝试以下几点，通过优化学习目标、优化素材选择、优化活动和练习设计，引领学生自主探究、动手操作、合作交流，让学生学习"更好的数学"，取得了比较好的效果，现与大家一起分享。

一、优化学习目标的定位，凸现"数学的本质"

荷兰数学家布鲁诺·恩斯特对数学哲学及数学教学的实验研究表明：数学教师对数学本质的有意识或下意识的理解，就像一只无形的手左右着教学的决策。新课程标准提出从知识与技能、过程与方法、情感态度与价值观三个维度来定位教学目标，这一指导思想是我们制定学段、学期、单元学习目标的基本准则，不能有所取舍。但在具体的课时教学目标制定过程中，需要考虑课程目标、单元目标、课时目标之间的关系，根据学生的阶段特点、学习起点、学习内容、后续学习的需要综合考虑，不一定要面面俱到，但在取舍过程中一定要凸显"数学的本质"，不能本末倒置，关注了形式却淡化了本质。比如计算教学，除了要落实计算技能，更要关注算理的理解与算法的迁移；数学广角的教学，除了要让学生学会解决问题的策略，更要关注策略背后隐含的数学思想方法与活动经验的积累；统计教学，除了要让学生学会图表的绘制、回答问题，更要关注学生统计意识、统计精神的培养；几何知识的教学，除了要让学生学会基本的周长、面积、体积的计算方法，更要关注学生直观思维、空间想象等能力的培养。

比如，人教版三年级下册"重叠问题"的教学目标定位有两种版本：一是教材考虑到集合思想的抽象性及三年级学生的认知水平，在目标定位上只要学生能够用自己的方法解决问题就可以了，把集合仅仅作为解决这类问题的一种手段。二是在分析了学生的现实基础、对比了多套教材、搜寻了大量资料、对学生进行了大量学情调研的基础上，将教学目标聚焦于数学的本质；让学生在亲历完整的集合思想方法形成的过程中，充分理解集合各部分的现实意义与关系，并利用集合思想解决生活中的问题。我在实践中，让学生充分经历集合从产生到完善的形成过程，取得了比较好的效果。

[片段写真]

（每一位同学课前都写好了两张卡片，卡片上写上自己的名字）

1. 现场调查，引发问题

师：同学们，老师知道你们有很多兴趣爱好，有的同学喜欢电脑，有的同学喜欢美术，有的两样都喜欢。老师想进一步了解一下，请允许我对其中的两个小组进行调查，好吗？

（老师在黑板上贴出：喜欢电脑　　喜欢美术）

师：请你根据自己的兴趣爱好，把自己的名字贴在对应的位置上，如果两者都喜欢就两边都贴。

（学生开始贴名单）

师：我们一起来统计喜欢电脑和喜欢美术的人数。

生：喜欢电脑的有10人，喜欢美术的有8人，一共有18人。

生：我反对：喜欢电脑的有10人，喜欢美术的有8人，一共不是18人，被调查的两组只有12人。

生：有重复的。

师：（故作惊讶）是18人啊，我们只要数一数卡片张数就知道了！可被调查的学生是12人！问题究竟出在哪里呢？我们该怎么办呢？（学生争吵着：重复啦！重复啦！）

2. 排列整理，引出集合图

师：谁有什么好办法，帮我们整理一下名单？

生：把相同的名字排在最前面，一一对应。

生：这样还是不清楚，我建议把重复的名字去掉。

生：我建议把重复的名字叠在一起，放在两个兴趣班的中间。

师：你们更喜欢哪一种排列方式？

（学生回答第3个学生的）

师：这样排列以后，怎样让人一眼就能看出中间的名字是两个都喜欢的？你有什么好办法？小组可以交流一下。

生：标上两个箭头。

生：中间再加上一句话：两个都喜欢的。

师：那喜欢电脑的人在哪里？请用手势指出来。喜欢美术的人在哪里？也请指出来。两个都喜欢的在哪里？（学生一起用手势圈，个别学生上台用手势指）

师：现在，你有没有更好的表示方法，让人把三部分人看得清清楚楚、明明白白呢？（学生思考）

师：请你动笔画一画（学生画简图）——汇报个性画图表征。

（师生一起引出规范的集合图）

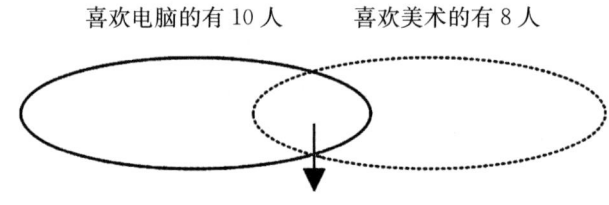

喜欢电脑的有10人　　喜欢美术的有8人

既喜欢电脑又喜欢美术的有6人

师：喜欢电脑的人在哪里，有几个人。喜欢美术的人在哪里，有几个人？既喜欢电脑又喜欢美术的人在哪里，有几个人？

师：把学生名单隐去，同桌互相说一说各部分的人在哪里，有几个人。（学生同桌互相说、指）

师：一共有多少人参加了本次调查？你会解答吗？

生：10＋8－6＝12（人）。

生：4＋6＋2＝12（人）。

师：谁能说说自己是怎样想的？10、8、6分别表示什么？为什么减6？4、6、2又分别表示什么？为什么不用减6？

师：同桌说一说，只喜欢电脑的人在哪里？只喜欢美术的人在哪里？

……

以上环节的尝试实践更坚定了我的信念：学习目标的定位，只要凸显"数学本质"，基于学生，基于科学，基于教材，基于生命课堂，就能指引我们不断前行，不断收获，不断逼近真实的数学世界。

二、优化学习素材的选取，凸现"数学味"

当前教学实践中，有一部分老师在学习素材的选择上出现了两种偏差：一是拿来主义，不管是教材上的素材或资料还是从他人课堂中借鉴来的素材，一律拿来就用，没有选择意识、目标意识与科学组合意识；二是形式主义，素材的选择更多地关注了吸引学生和呈现的形式，而忽视了数学的本质与知识构建的需要，把数学课上成了欣赏课、演示课、实验课、手工课、说话课，缺少对素材结构的思考，缺少数学味。我在学习素材的选取过程中，遵循了以下原则：（1）素材的趣味性与适合性，小学数学学习的素材尽量生动、活泼一些，尽量减少枯燥的学习素材，选取最适合学生的素材；（2）素材的数学味，素材的选择要有利于学生学习、学生交流、学生思维、学生发现、学生质疑、学生探究；（3）素材的结构性，数学材料结构性特点是我们非常需要关注的，结构化的素材吻合了学生的认知结构与最佳探究路径，蕴涵了数学的本质方法或思想。

比如在执教"用字母表示数"一课时，我在素材选择上力求通过自己的改造，凸显浓浓的数学味，让素材既具有形象、生动的趣味特点，又有良好的思维结构的数学特点；通过具有挑战性的问题，让学生的思维处于认知的最近发展区，进一步激发学生探究的欲望。

［片段写真］

（用多媒体形式出示《数青蛙》儿歌）

一只青蛙一张嘴，两只眼睛四条腿；

两只青蛙两张嘴，四只眼睛八条腿；

三只青蛙三张嘴，六只眼睛十二条腿；

……

（学生摇头晃脑地读个不停）

师：同学们个个都是编儿歌高手，没有文字还可以继续往下读。

生：我发现了规律，下一句和上一句增加了"一只青蛙一张嘴，两只眼睛四条腿"。

师：噢，同学们用数学的眼光发现了这首儿歌中还有数学规律！那我们用十只青蛙来编一句儿歌。

生：十只青蛙十张嘴，二十只眼睛四十条腿。

师：那我们再编一句一百只青蛙的儿歌。

生：一百只青蛙一百张嘴，两百只眼睛四百条腿。

师：你们发现了一种什么样的规律？

（学生思考，之后小组交流）

生：青蛙的只数和嘴的张数一样，眼睛是青蛙只数的 2 倍，腿是青蛙只数的 4 倍。

师：根据你发现的规律，这样的儿歌编得完、读得完吗？（学生答：永远也编不完、读不完）

师：你们能不能运用这节课学会的本领，想个办法把这首儿歌读完？请你试着用含有字母的式子编一句儿歌，编完后在小组内交流。

生：无数只青蛙无数张嘴，无数只眼睛无数条腿。

生：a 只青蛙 a 张嘴，a 只眼睛 a 条腿。

生：x 只青蛙 x 张嘴，$2x$ 只眼睛 $4x$ 条腿。

生：a 只青蛙 a 张嘴，$a \times 2$ 只眼睛 $a \times 4$ 条腿。

生：a 只青蛙 a 张嘴，b 只眼睛 c 条腿。

生：□只青蛙□张嘴，□×2 只眼睛□×4 条腿。

生：n 只青蛙 n 张嘴，$n \cdot 2$ 只眼睛 $n \cdot 4$ 条腿。

师：同学们真厉害，想出了这么多办法编写这首儿歌。大家觉得哪些编法比较接近，先归归类，再看看哪种编法既简洁又合理。（学生辨析、说理，教师追问、质疑、点拨）

……

以上片段凸显了素材的趣味性、形象性、生动性。通过教师的问题指引，凸显了儿歌的结构性特点，引导学生从小数目到大数目迁移，再通过变量统领这份结构性素材，凸显了素材的思维性，又让学生一直保持强烈的探究欲望。

三、优化板块活动的设计，凸现"数学化"

当前的很多数学课堂中，呈现的教学过程是线状的路线，缺少一种板块的结构活动设计，教学的流程比较单一，不具备课堂的生成性和可调整性。我在教学流程设计中，打破了线状的设计理念，采用板块活动的设计。所谓"板块活动"设计，就是把一节课的目标进行分解，以一个个既有联系又相对独立的活动板块构成一节课的教学流程。每一个活动板块都有自己明确的活动目标与基本流程，同时一个个独立的板块又组成一个紧密相连的大流程，大流程努力吻合学生的最佳学习路径，遵循科学的认知规律。每一个活动板块相对独立，可以在课堂中根据学生的现实状态进行序的调整、量的删减、时间的调控，从而构建网状的、可调节的、非线性的动态课堂。板块活动的设计是在教学目标、学习素材优化的基础上，科学研究、分析学生学习路径、教材编排路径、知识形成的一般规律之后，分解教学目标，设计几个活动的学习板块，以活动为载体，以问题为核心，让学生亲身经历对"现实"进行"数学化"的过程。

比如几何知识的学习，需要体现做几何的过程：因为几何表象的深度构建需要通过大量的图式表象积累与直观感知积累。我在教学实践中积极尝试在板块活动中、在思辨中"做几何"，需要学生亲自体验的知识，创造一切条件搭建"做几何"的活动平台，让学生在"做几何"的活动过程中充分体验、感悟、交流，充分表达与表征，让每一位学生在"做几何"的过程中获得立体的体验、深刻的感悟、清晰的表象，为知识抽象概括奠基。

在执教"圆柱的认识"一课时，我设计了四个板块活动：课始的想象、演示活动（从平面几何到立体几何），课中的操作活动（从论证几何到实证几何），课中的成果发布活动（从直观认识到抽象认知），课后组装圆柱活动（从计算几何到推理几何）。通过板块活动的深度体验，促进学生对圆柱的更深层次的认识，构建更立体的表象，进而抽象出圆柱的本质特征。

［片段写真］

1. 想象、演示活动

（老师点击大屏幕，出现两个长方形，如下图）

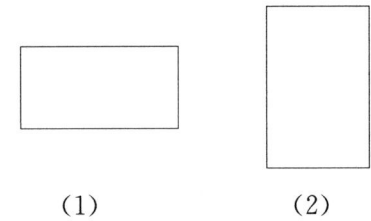

（1）   （2）

师：请同学们猜一猜，（1）号长方形向后平行移动后，会形成一个什么形体？（2）号长方形，以一条宽所在的直线为轴，旋转一周后，会形成一个什么形体？

生：（学生展开想象后）长方体，圆柱体。（老师用多媒体动态演示）

师：举例说说生活中哪些物体的形状是圆柱体。（学生回答）

2. 小组体验、操作活动

师：老师给每个小组准备了一个学习包，请同学们打开学习包，看看里面有些什么材料。

生：椰子汁罐、茶叶罐、纸水杯、纸做圆柱模型、一个装有纸片的信封……

师：请同学们根据这些材料，采用看一看、摸一摸、剪一剪、拼一拼等方法，当然也可以采用自己喜欢的方法，先自主后合作开展研究，看看同学们能发现圆柱的哪些特征。

（留给学生足够的时间研究，老师参与讨论并指导）

（学生有序体验：看一看、摸一摸、剪一剪、拼一拼，将自己的感受、发现在组内交流）

3. "研究成果发布会"——在交流中确认、辨析、提升认知

师：刚才老师参与了同学们的研究讨论，知道大家有了很多研究成果。下面我们举行一次圆柱研究成果发布会。为了开好这次发布会，我有两个建议：发言介绍的同学可以在自己的座位上，更欢迎你到台前来，发言介绍时要说说你发现了圆柱的哪些特征，是怎样发现的；未发言的同学不仅要认真听，还要跟着介绍的学生一起看、摸、剪、拼等，当然，你可以补充，也可以向发言人质疑。

生：（上台）我动手以后发现，圆柱侧面展开是一个长方形，还发现圆柱的两头面积相等。

生：（上台并演示）我发现圆柱侧面展开还可以是一个平行四边形，而且还有可能是一个正方形。

生：我发现杯子侧面展开的长方形的长是底面的圆周长。

生：我有意见，纸杯不是圆柱体，它剪开后不像一个梯形，更不是长方形。（举杯演示）

生：我把杯子修整过了，已经成了一个圆柱体。（也是举杯演示）（众人大笑）

师：这个同学很有创造力，我们给他一个欣赏的眼神。

生：如果要把一张梯形的纸片卷成一个圆筒，有些地方就要折叠起来。

师：折叠后的梯形实际上已变成了什么形？

生：长方形。

生：我发现圆柱体上下两个面的形状是一样的。

师：圆柱的上下两个面叫什么面？有什么特点？

生：叫底面，两个底面面积相等，都是圆形。

师：那圆柱体的侧面有几个？

生：圆柱体的侧面有无数个。

生：我认为圆柱体的侧面只有一个，因为它展开了以后是一个长方形，没有无数个侧面的说法。

生：我是说没有展开以前的圆柱体的侧面有无数个。

师：你怎么来说明白自己的观点？

生：（上台示范）我沿着圆柱一侧往下摸，是一个面，再移过去从上往下摸又是一个面，这样绕一圈可以摸出无数个面。（全场大笑）

师：现在同学们赞成哪一种说法？

生：圆柱的侧面有无数个。

师：看来同学们还很有主见。像××同学的摸法，这侧面还可以摸出无数个，那大家再摸一摸感觉一下，这个圆柱的侧面与底面有什么不一样。

生：圆柱的两个底面是平面，而侧面是一个弯曲的面。

师：这个弯曲的面叫曲面，所以我们一般说圆柱有一个侧面，这个侧面是曲面。请同学们再以不同的方式摸一摸。

师：大家已经知道，圆柱的侧面展开是一个长方形，也有可能是平行四边形，那怎样展开会是一个长方形或者平行四边形呢？

生：垂直于底面展开的是长方形，斜着展开的是平行四边形。

师：这个展开的长方形和圆柱之间有什么关系？

生：长方形的宽就是圆柱的高。

生：长方形的长是圆柱底面的周长。

师：请同学们摸一摸、比一比，圆柱底面的周长、高与展开的长方形是否存在这种关系。（学生活动）

生：椰子汁罐的包装纸要去掉粘合部分，这样长方形包装纸的长才等于圆柱底面周长。

师：观察得真仔细！在实际包装中会出现一个接口，去掉接口的重叠部分，余下的长方形的长等于圆柱的底面周长。为了加深印象，同学们还可以再看一下多媒体演示。

在本环节中，教师让学生"做几何"的板块活动贯穿始终：从想象演示——自由研究、小组合作研究——伴随"研究成果发布会"的推进进行微观的验证研究等活动。多元多层的活动，凸显了学生的直观表象、个性表达与表征、几何的本质特征三者间的和谐统一。教师在板块设计中凸显了每一板块的目标细化，有明确的操作要求与思辨问题，在活动中凸显了数学化的过程，让想象——操作——表象——结构化认知的形成过程得到充分展现。

四、优化创新性练习的设计，凸现"再创造"

课堂练习，是学生获取数学知识的有效手段，是课堂教学必不可少的环节。在家常课上，教师十分注重模仿性练习和变式应用性练习的设计，设计过程中更多地关注练习形式的多样性、练习的层次性、知识的变式与运用。这样的设计可以有效促进学生对所学知识的理解、巩固和基本技能的形成，是落实基础目标的有效举措。而数学的学习除了落实基础目标，还要兼顾学生的长远发展与创造力培养。如何在保证学生扎实基础训练的前提下优化课堂练习的设计功能，在"发展性练习"和"创新性练习"设计上有所突破，是我一直在思考的问题。

我们可以在保证学生基础性和变式性练习的基础上，适时设计一两道有利于激发学生潜能、促进学生认知结构变化的"创新性练习"。在"创新性练习"的设计过程中，我们可以从以下角度去思考：（1）具有开放、探究功能的练习，主要是激发学生的潜能、调用学生已有的知识、促进知识形成网络；（2）具有延伸、发展功能的练习，主要指向孩子学习的未来节点，为进一步学习指明方向，激发学生自主探究的热情；（3）具有"再创造功能的综合性练习"，可以把学生从新课中学习的一个点引领到知识整体结构的三维空间里，打破学生原有的认知结构，凸显知识的"再创造"。

比如，在执教三年级下册"重叠问题"时，我最后设计了一道动态整体体验"集合"的练习，把"重叠问题"新课中学习的一个点扩展到"集合"思想的三维空间，让集合的直观图像统领学生已有的认识（两个数相加、加减混合），打破学生原有的认知结构，重新构建认知网络，凸显知识的"再创造"。

[片段写真]

师：同学们对"韦恩图"已经有了初步的了解，并能运用"韦恩图"解决实际问题。下面，请你展开想象，动笔画一画，下面的算式可能是怎样一幅图。

3＋5　　　4＋6－2

（学生思考、画图）

生：3＋5 我是这样表示的：

生：4＋6－2 我是这样表示的：

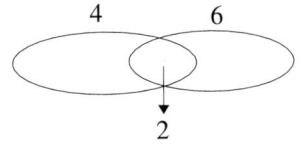

师：看着这两幅图，你想说些什么？

生：原来一年级学的加法也可以用韦恩图来表示啊！

生：韦恩图，你真伟大，法力无边！

师：只要敢于想象，大胆画图，你还会有更惊奇的发现。还想挑战吗？

（出示：三年级某班参加竞赛，其中参加数学竞赛的有8人，参加作文竞赛的有12人）请问，这个班参加数学、作文竞赛的总人数可能是多少人？

（学生思考——动笔画图——思考——画图——脸上露出笑容）

（展示学生的算式与图示）

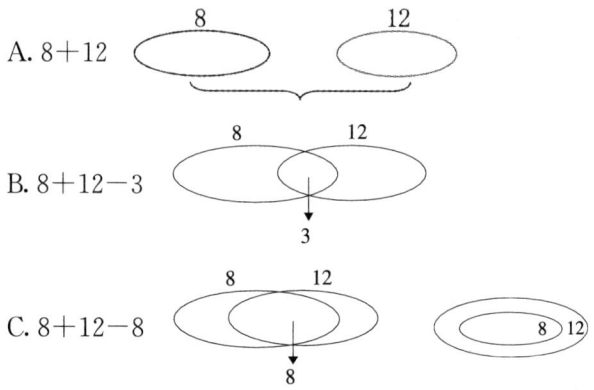

A. 8+12

B. 8+12－3

C. 8+12－8

师：请你展开想象，从 8＋12 的两个分开的集合圈到 8＋12－8 的包含集合圈，会是怎样一幅动态的画面？（学生闭眼思考，大胆想象）

（老师以课件展示运动中的图示：从并集——交集——补集，纠正 8＋12－8 的图示）

以上片段中创新性练习的设计，把知识从一个点引向了更广阔的三维空间。在练习的探究过程中，打破了学生原有的认知结构，走出了练习设计的瓶颈，从基础走向了数学学习的最高领域——"再创造"。

我们从目标的定位、素材的选择、板块活动的流程设计、创新性练习的优化设计四个维度进行了大胆的实践与尝试，提出了自己的设计准则，分享了课堂的动态生成、课堂的精彩，促进了学生的深度感悟与再创造，促进了我对"更好的数学"的思考与研究。我们只有真正读懂生命、读懂教育、读懂学生、读懂教材、读懂课堂，才有可能为孩子提供"更好的数学"。面对孩子们的需要，让我们一起行动！

优化"板块活动"设计　构建"更好的数学"
——人教版五年级下册"轴对称"课堂教学案例

人教版五年级下册"轴对称"是学生在二年级初步认识对称的基础上，进一步探索图形成轴对称的性质。在二年级时，学生就已经认识了日常生活中的对称现象，有了轴对称图形的概念，并能画出一个轴对称图形的对称轴和它的另一半。但学生的认知还停留在直观感性阶段，主要借助"对折完全重合"这一动作思维方式来理解对称，还不能上升到从"点的对应"这一理性思维角度理解。本课时要进一步认识两个图形成轴对称的概念，探索图形成轴对称的特征和性质，并学习在方格纸上画出一个图形的轴对称图形。我在教学之前重点思考了以下问题：（1）采用何种方式才能有效唤醒学生原有的认知，丰富学生的表象，促进学生的语言表达，同时激发学生进一步探究的欲望？（2）如何有效突破"对应点所连的线段被对称轴垂直平分"这一认知难点，并把握好度？（3）如何落实"进一步增强学生的空间观念和发现美、创造美的能力，激发创造美的热情"的目标等？

当我翻开教材，研究教学思路时，首先就被主题图中的对称图案深深吸引，从战国铜镜、唐代花鸟纹锦到瓷器、花边、剪纸等，无不闪耀着中国传统元素的魅力，这些素材的有效利用与整合，是我设计之初思考的第一个问题。本节课的重点与难点如何突破，设计怎样的活动体验最利于学生突破难点、理解"对应点所连的线段被对称轴垂直平分"这一特性，又不能太深，这是我设计之初思考的第二个问题。带着这份思考，遵循五年级学生的思维特点和认知规律，从学生已有的知识基础和生活经验出发，沿用教材编排的基本路径，兼顾学生学习的重难点与有效学习路径，凸显知识形成的过程与学生的深度体验，我大胆设计了五大核心板块活动："汉字中的轴对称"、"画龙点睛"、"数格子"、"摆小草"和"设计轴对称美图"等。

在本案例中，我以学生"做数学"、板块活动为依托，充分挖掘每份素材的最大利用价值。在素材选择上兼顾科学性、趣味性相结合的原则，并对相关素材进行整合，作为活动板块进行推进；每一个板块的活动设计都有明确的目的性和层次性，充分尊重学生原有的认知与学习心理。

（1）"汉字中的轴对称"：由于学生之前的认知大都停留在感性经验阶段，加上二年级到五年级的时间跨度很长，如何有效唤醒学生原有的认知是教学成功的重要因素。在本设计中，我想到了利用"中国传统元素"——汉字作为学习素材，并巧妙地将教师姓名"林良富"融入教学。首先，林老师的姓名中的"林"字是对称的，而"富"字将"、"调整后也是对称的，这样的素材本身就是充满生命力的。其次，教师将自己的姓名作为学生的学习素材这一行为本身，无形之中就打破了师生之间的心理隔阂，激活了学生的学习兴趣，学生很自然地主动投入学习中。第三，教师在呈现手写和美术字"林"的同时，还提供纸剪的"林"字，在唤醒旧知的同时，更巧妙地为学生的语言表达提供了帮助，无形中还让学生体验了汉字之美。

（2）"画龙点睛"：这一充满中国传统韵味的活动，激活了学生的探究欲望。同时，该活动又将本课时的经典学习难点巧妙地包融其中，使学生在"点睛"活动中自然悟出"两只眼睛到对称轴的距离要相等"，甚至有学生提出"两只眼睛要在同一水平线上"，这样的思维水平实际上已经离"垂直平分"无限接近了。其实，难点这么轻松、有效突破的根本原因，就在于"画龙点睛"这一充满中国元素的经典学习素材的有效利用，在使用过程中凸显了趣味性、活动性和思辨性。

（3）"数格子"：在解读教材、把握学生认知特点的基础上，我们把书本中的例1分行分解，设计成两个层次的独立活动板块——数格子和摆小草。学生经历了"整体感知、动作认知（折叠、画对称轴）、体验感知（点睛）"等活动之后，找对应点、数格子就顺理成章了。延续前面练习中的松树图，衬托上方格，自然就把数格子凸显出来了。通过验证、数数等活动，把学生的认知引入更高层次——理解对称的性质，为后续八年级的学习奠定了直观感知的认识基础。

（4）"摆小草"：很多老师在课堂实践中，对摆小草的认识比较浅显，对学生"关于图形的轴对称"学习困难预估得过于乐观。在充分的学情调查与研讨基础上，我们对"摆小草"活动进行了单列，分层突破本堂课的最大学习难点（方向相反、对应点到对称轴的距离相等）：先让学生想象，再出示三棵小草供学生选择，突出方向相反这一特性，然后运用对称的性质确定小草的位置，让学生对图形的对称有一个深刻的认识与整体的判别策略。

（5）"设计轴对称美图"：在学生完成基本练习（一次判断、两次画图）之后，为了让学生学习"更好的数学"，关注学生发现美、欣赏美以及创造美等能力的培养，我们安排了"设计轴对称美图"这一活动。在课结束之前，教师让学生欣赏书法剪纸，又带领学生走进一个"中国传统元素"渗透对称美的世界，在加深学生对中国传统元素之美的认识的同时，激发了学生创造美的热情，使课的境界进一步升华。

我在不同的城市、不同的学校实践，通过五大活动板块的教学，学生的知识、技能、审美、思维等各个方面都获得了长足的进步，教师在课堂上和孩子们一起享受"更好的数学"学习带来的快乐，享受愉悦的生命历程。详细教学过程如下：

一、复习轴对称图形的特征

1. "汉字中的轴对称"活动——激活原认知

师：今天这节课，林老师要考考大家有没有带着数学的眼光来上课。（出示纸剪的"林"字）这个"林"字和黑板上的"林"字有什么不一样的地方？

生：黑板上的"林"字不对称，林老师手中的"林"字是对称的。

师：为什么说它是对称的呢？

生：因为它是由两个"木"字组成的。

生：因为它对折以后两边完全重合。（学生演示对折、重合）

（老师板书：对折——两边完全重合　轴对称图形）

师：中间这条折痕叫什么？（继续板书：对称轴）

师：（点击课件出示美术字"林良富"）你还有什么发现？

（学生很开心地发现："林"字就是轴对称图形）

生："富"字也是轴对称图形。

生：（很多学生反对）不是！"富"字上面那一点是斜的，不是轴对称图形，除非把那个点摆正。

师："富"字现在还不是轴对称图形，你能把它变一变，让它变成轴对称图形吗？

（师生一起演示，把"富"字上面的一点慢慢变正，"富"就成了轴对称图形）

师：你能上来指一下，现在这个"富"字的对称轴吗？

师：同学们找一下，在你们的名字中有没有轴对称的字？（学生举例）

师：生活中还有哪些图案是轴对称图形？（学生举例）

2. 通过实例引出下一环节

师：老师也收集了四幅美丽的图案（见下页），请你画出它们的对称轴。（见练习纸第一题）

（学生独立画图，个别学生汇报1、2、4幅图的对称轴画法，并说明理由）

（争论的焦点落在了"龙头"图案上，自然引出下一环节）

二、探究轴对称图形的性质

1. "画龙点睛"活动——突破学习难点

师：（用课件出示独眼龙图）这个龙头图案是对称的吗？

生：不是，它只有一只眼睛里有眼珠。

师：确实，这个龙头图案，同学们发现是一只独眼龙，下面我们就来做一次"画龙点睛"的游戏，让它变成轴对称图形。为了方便点睛，老师先画好对称轴。（课件演示）

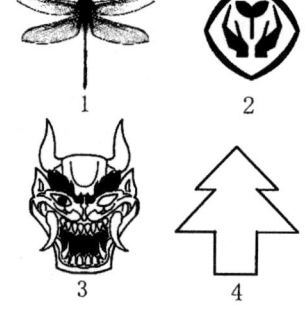

师：请同学们先想一想，同桌商量一下该怎么点睛。

（指名上台进行"点睛"活动）

（第一个学生画了之后，课件验证发现有偏差）

（第二个学生上台"点睛"）

师：你是怎么想的？

生：最好用尺子来量一量。

师：为什么想到用尺子来量一量？

生：如果差一点怎么办？

师：你能用数学的语言来说一说吗？

生：用尺子量可以保证两只眼睛到对称轴的距离相等。

生：两只眼睛要平行。

师："平行"是什么意思？

生：（解释不清）……就是不能一只高、一只低。

师：是的，两只眼睛应该在同一水平线上，而且到对称轴的距离要相等。

（老师板书：同一水平线，到对称轴的距离相等）

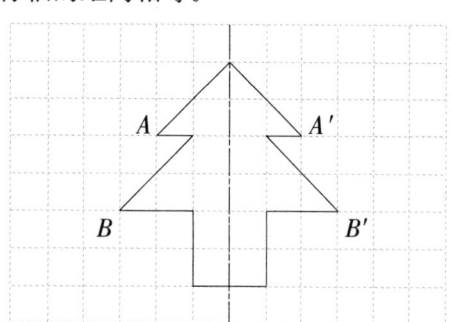

2. "数格子"活动——理解对应点到对称轴的距离相等

师：（课件点击已经画好对称轴的松树图，下面衬托上方格，追问）你有什么办法检验你画的对称轴是对的？

生：对折，看是否重叠。

生：这个很难对折，除非剪下来，可以数格子，看两边是否一样大小。

生：数点到点的格子数，比如……（学生上台指点到点的格子数）

师：标上 A 和对应点 A′，谁说一说 A 到对称轴、A′ 到对称轴的距离是几个小格子？

（学生上台指，所有学生数练习纸上的格子）

师：老师标出其中一个点 B，请你找出对应的点 B′，并数出两个点到对称轴的格子数。

（学生开始找——数——交流）

3.“摆小草”活动——图形的对称

师：（点击：在对称轴左下角补充一棵小草）请你想象一下，对称轴的右边会有一棵怎样的小草与它相对应？（学生想象、思考）

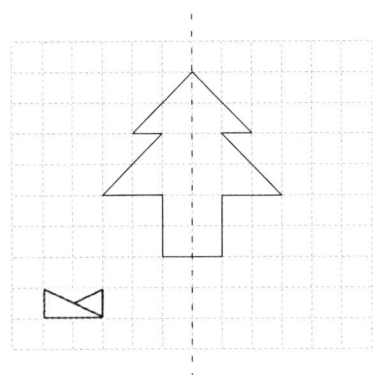

师：这里有三棵小草，你认为选择哪一棵更合适，理由是什么？

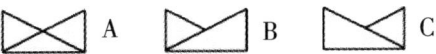

生：我选择小草 C，因为对称图形两边必须一模一样，这样才能重合。

生：我选择小草 B，因为对称图形对应点到对称轴距离相等，选 C 没办法重叠。

师：你们谁愿意上来把小草摆摆看，究竟哪一棵适合？（学生移动小草，学生做评判员，统一认识选 B）

师：A 为什么不行？（生争吵着说：变形了、多了一条边）

师：这棵小草放在什么位置比较合适，理由是什么？

（学生摆小草，说理由）

师：说一说形成轴对称图形要具备哪些条件。（图形相反、对应点距离相等）

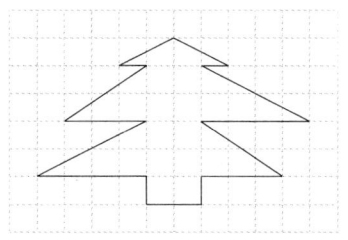

4. 举例

师：请你判断方格中的图形是不是轴对称图形，理由是什么？

三、尝试画、创造轴对称的美丽图案

1. 通过举例，归纳并应用本课时所学知识

师：请在方格中画出小红旗的轴对称图案，并说一说你是怎样画的。（见右图）

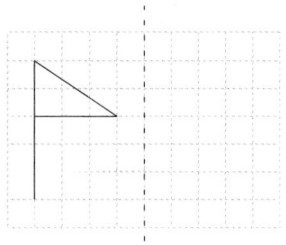

师：画出房子的另一半（书本第 4 页）。先思考：先画什么，再画什么，每条线段画多长？

师：（全课小结）今天有什么新的收获？

2. "设计轴对称美图"活动——激发创造美的欲望

师：要成为优秀的设计师不仅要会画，还要有充分的想象力，老师考考你们如何？老师将一张纸对折对折再对折，然后在上面写一个木，剪下来之后结果会怎样？

生：6 个"木"字。

生：不对，应该是 8 个"木"字。

生：也可以说是 4 个"林"字。

师：（演示课前准备的一串剪好的 8 个"木"字）观察一下，还像什么？

生：像是 8 个人手拉手。

生：像是在跳天鹅舞！

师：你真有想象力！这样的图案美不美？

生：美！

师：（边说边展示）老师这里还有一串用篆书"木"字剪出的花边。

全班学生：哇！

师：（边说边呈现一些图片）其实，中国五千年历史中积淀的很多传统元素身上都有轴对称的影子，从中国书法、篆刻印章、青铜器、鼎、中国结、建筑、

华表、京戏脸谱、剪纸、风筝到乐器、织绣等，无不闪现着中华民族对对称美的理解和追求。下面，就请同学们发挥想象力，运用对称的知识，画一画，剪一剪，创造出最美的图案。

（整理者：杨开远）

5. 数学课堂："进"与"退"的智慧

徐　斌

　　"进"和"退"是一对反义词。然而，两者并不矛盾。在战争中，"以退求进"、"以屈求伸"的战略正体现了退与进、屈与伸的辩证关系。从某种意义上说，"退"是"进"的准备和基础，"进"是"退"的发展与提升。在课堂上，"进"与"退"体现的是一种行云流水般的从容节奏。因此，游刃于"进"与"退"之间是数学教学艺术的一种理想状态。

一、"退"的策略

　　首先，退到学生的生活经验。数学知识常常来源于现实生活。荷兰数学教育家弗赖登塔尔从数学教育的特点出发，提出了"数学现实"的教学原则，即数学来源于现实，扎根于现实，应用于现实。在教学过程中，老师如果能充分利用学生身边的生活现象引入新知，让数学教学符合生活实际、充满生活气息，会使学生对数学有一种亲近感，感到数学与生活同在，数学并不神秘，由此激起学生探求新知的强烈愿望，调动学生学习数学的积极性，使学生成为真正"自主的思想家"。

　　其次，退到学生的旧知。利用学生的旧知来引进新知是一种类比迁移的策略。什么是类比？类比是一个形式逻辑的概念，就是类似比较。迁移是教育心理学的概念，就是将已学过的旧知和与之相联系的新知比较，使学生通过复习旧知识更快地学会新知识。美国心理学家奥苏贝尔说过，影响学生新知学习唯一最重要的是——"学生已经知道了什么"。可见，上课的开始阶段安排适当的旧知复习，能再现学生认知结构中的相关知识经验，激活新、旧知识之间的联结点，为新课学习做好铺垫。复习旧知识较之直截了当地讲述新知识，尽管形式上是退了，但学生更容易获得新知识，实际是一种进。

第三，退到学生的思维起点。数学教学是数学思维活动的教学，小学生的数学思维发展遵循着从形象思维到抽象思维过渡的规律。为了使学生的思维得到有效发展，老师在学习新知之初就应该为学生的思维发展寻找合适的起点。对于不同年级的学生，教师应根据其年龄特征寻找适宜的思维方式：低年级的学生可以多一些操作和活动，以引发动作性思维；中年级的学生可以充分利用表象的作用，不断引发形象性思维；高年级的学生可以不断引导其归纳和概括，以逐步发展学生的抽象性思维。

二、"进"的策略

首先，进到学生的认知结构。数学教学的本质是学生在教师的引导下能动地组建认知结构并使自己得到全面发展的过程。知识只有形成结构，才具有稳定性和系统性。单一的知识只是散落的珍珠，而结构化的知识才如同美丽的珍珠项链。怎样帮助学生组建完善的认知结构，是我们在数学教学中研究的关键问题。认知结构由于是以一定的思维方式为指导构建起来的，所以其本身蕴涵着思维方法。我们在教学数学知识时，不能只停留在表面，而要提示知识所蕴涵的方法和思想，提高学生的分析、比较、归纳、概括、推理等能力。

其次，进到学生的思维深处。"数学是思维的体操。"启迪学生思维，发展智力，培养能力，建立良好的智能结构，是课堂教学的重要目标。这就要求我们教师在教学实践中，要充分利用课堂中的生成资源，并善于交给学生思维的主动权，让学生在教师精心设计的问题情境中积极地观察、思考、发现、探究、创造，使学生的思维得到有效发展。在课堂学习的过程中，要能够做到层层递进、步步深入，学中求变、练中求活，鼓励学生创新求异，对学生的新发现、新观点、新见解能及时给予肯定，排除思维定势的影响，促使学生思维向纵深发展。

第三，进到学生的实际应用。数学只有应用于实际，才会变得有血有肉、富有生气，才能真正让学生体验到学习数学的意义和价值。作为数学老师，我们要避免从概念到概念、从书本到书本，应该善于变数学练习的"机械演练"为"生活应用"。通过实际应用，引导学生用数学的眼光观察、分析、解决生活中的实际问题；通过在生活中应用数学，增强学生对数学价值的体会，强化学生应用数学的意识。

总之，在数学教学中，教师要善于处理好"进"与"退"的关系。所谓"退"，就是教师要敢于在学习的起始阶段退一步，帮助学生寻找新知学习的生长点；所谓"进"，就是教师要善于在学习的动态过程中更进一步，探寻所学知识的数学本质。

数学教学的智慧就在于教师能在"进"与"退"之间游刃有余。

从简单出发，向本质迈进
——"分数乘法实际问题"教学设计

【教学内容】

义务教育课程标准实验教科书（苏教版）六年级上册第83页例2、"练一练"以及练习十六的相关习题。

【教学目标】

1. 使学生理解用分数乘法解决一些稍微复杂的实际问题的方法，能够借助于直观形象的操作活动（画线段示意图）分析数量关系并体会解题思路。

2. 在解决稍微复杂的分数乘法实际问题的过程中，进一步体现算法多样化思想，增强学生的数学应用意识。

3. 在运用已有知识和经验解决实际问题的过程中，发展思维能力，进一步体会数学知识之间的内在联系与价值，从而提高学生对数学学习的兴趣和学好数学的信心。

【教学过程】

一、复习铺垫

（在师生谈话中逐步出示课题：分数　实际问题）

1. 提问：分数的意义是怎样的？例如 $\frac{5}{9}$，可以表示什么意义？

2. 由 $\frac{5}{9}$ 这个分数你能想到什么？（教师结合学生的回答进一步提问 $1-\frac{5}{9}$ 的含义）

3. 举例："其中男运动员占 $\frac{5}{9}$"，表示什么意义？（教师板书）

补充成："岭南小学六年级同学参加学校运动会，其中男运动员占 $\frac{5}{9}$"，从中你能知道什么？

再补充成："岭南小学六年级有 45 名同学参加学校运动会，其中男运动员占 $\frac{5}{9}$"，从中你又能知道什么？能直接求出什么问题？（男运动员有多少人？）

（教师结合学生的回答板书出 $45 \times \frac{5}{9}$）为什么用乘法计算？（求一个数的几分之几用乘法）

[心理学思考] 上课伊始，教师开门见山地揭示课题，通过几个关联性问题让学生复习了分数的基本意义，并联系实例初步理解了 $\frac{5}{9}$ 和 $1-\frac{5}{9}$ 的实际意义，以及分数乘法 $45 \times \frac{5}{9}$ 的简单应用。这样的复习与铺垫看似简单，实则对本课新知学习所需的相关旧知进行了具有针对性的复习，激活了学生原有认知结构中可利用的经验，为接下来有效学习稍微复杂的分数乘法实际问题打下基础。

二、学习新课

1. 出示例题，初步理解题意

例：岭南小学六年级有 45 名同学参加学校运动会，其中男运动员占 $\frac{5}{9}$。女运动员有多少人？

学生完整读题后，教师提问：

（1）题目中的已知条件和所求问题分别是什么？

（2）$\frac{5}{9}$ 表示什么意义？把什么看作单位 "1"？

（3）能一步求出女运动员有多少人吗？

2. 画线段图，分析数量关系

提问：只看抽象的文字来分析数量关系，你感觉怎样？

如果画线段图的话，你想先画什么？（教师先画出一条线段）

你能自己试着画一画吗？（学生在课本上完成线段图）

在实物投影仪上展示学生画的线段图并讲述思路。（教师在黑板上逐步补全线段图）

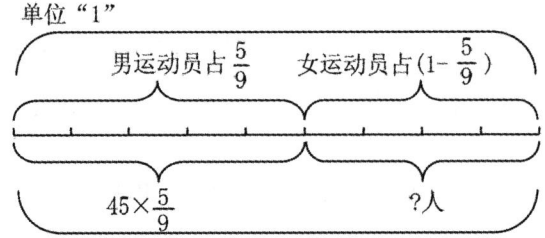

3. 列式解答，完善解题思路

提问：要求女运动员有多少人，可以先算什么？

学生尝试列式解答。（教师指名到黑板上板演）

学生可能出现的几种典型解法：

$$45-45\times\frac{5}{9} \qquad\qquad 45\times\left(1-\frac{5}{9}\right) \qquad\qquad 45-45\div9\times5$$

$$=45-25 \qquad\qquad\qquad =45\times\frac{4}{9} \qquad\qquad\qquad =45-25$$

$$=20（人） \qquad\qquad\qquad =20（人） \qquad\qquad\qquad =20（人）$$

请学生分别说出列式的理由和解题的思路。（教师在对应线段图上标注）

4. 比较异同，小结解题方法

提问：这几种解法有什么相同点和不同点？

指出：相同点——前两种解法都用了分数乘法和减法，第三种解法是整数运算。

不同点——第一种解法是先算男运动员的人数，再用总人数减男运动员人数，得到女运动员的人数；第二种解法是先算女运动员占总人数的几分之几，再用单位"1"的量乘这个分数，得到女运动员的人数；第三种解法和第一种解法类似，只是用整数列式。

［心理学思考］新课例题的出示，由复习铺垫的旧知变化而来，使得学生觉得新知不新，让学生在不知不觉中开始了新知的学习。新课的学习过程分四步进行：首先依据题中呈现的文字信息进行初步分析，了解已知条件和所求问题，理解关键信息"男运动员占 $\frac{5}{9}$"的实际含义，并提问"能一步求出女运动员有多少人吗"，为新知生长提供了必要的固着点；然后采用数形结合的方法，让每个学生动手画线段图，借助于直观形象的图示理解数量之间的关系，引发学生的解题思路；接着让学生根据先前的分析和图解尝试列式解答，并展示几种典型的解法；最后在比较几种解法的异同中小结解题方法，初步构建起运用分数乘法和减法解决实际问题的模型。这样的新知学习过程，顺应了学生的认知心理规律，能发挥学生的动作思维、形象思维和抽象思维的合力，初建了认知结构。

三、巩固提高

1. 基本训练

（看线段图，列出算式，解释思路）

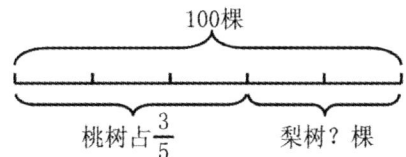

学生可能出现的列式主要有：$100-100\times\frac{3}{5}$ 或 $100\times\left(1-\frac{3}{5}\right)$。

2. 分组练习

（如果学生有需要，可以先画线段图，再分析列式）

学生从教科书上的"练一练"中，选择一道题列式解答，然后展示评价学生的算法。

（1）李林看一本 150 页的故事书，已经看了全书的 $\frac{2}{3}$，还剩多少页没有看？

（2）学校饲养组养白兔和黑兔共 28 只，其中白兔占 $\frac{3}{7}$，黑兔有多少只？

3. 对比练习

（只列式不计算，列式后进行相关比较）

（1）一堆煤 20 吨，运走 $\frac{1}{4}$ 吨，还剩多少吨？列式为 $20-\frac{1}{4}$。

（2）一堆煤 20 吨，运走 $\frac{1}{4}$，运走多少吨？列式为 $20\times\frac{1}{4}$。

（3）一堆煤 20 吨，运走 $\frac{1}{4}$，还剩多少吨？列式为 $20-20\times\frac{1}{4}$ 或 $20\times(1-\frac{1}{4})$。

（4）一堆煤 20 吨，运走一些后，还剩 $\frac{1}{4}$，还剩多少吨？列式为 $20\times\frac{1}{4}$。

（5）一堆煤 20 吨，运走一些后，还剩 $\frac{1}{4}$，运走多少吨？列式为 $20-20\times\frac{1}{4}$ 或 $20\times(1-\frac{1}{4})$。

结合学生的列式提问：为什么第（2）题和第（4）题列式是一样的？为什么第（3）题和第（5）题列式也是一样的？

4. 综合练习

（1）补充条件。

苏州园区科文中心上映电影《变形金刚》，共有 300 张票，_____。还剩多少张票没卖完？

（2）补充问题。

阳澄湖蟹庄计划销售大闸蟹 1400 千克，结果第一个月销售了计划的 $\frac{2}{7}$，第二个月销售了计划的 $\frac{3}{7}$，_____？

1）学生可能补充的问题有：

①第一个月销售多少千克？或第二个月销售多少千克？

②第一个月比第二个月少销售多少千克？或第二个月比第一个月多销售多少千克？

③两个月一共销售多少千克？

④还差多少千克可以完成计划？

2）学生补充问题后相应出现的列式情况可能有：

①$1400 \times \frac{2}{7}$ 或 $1400 \times \frac{3}{7}$。

②$1400 \times \frac{3}{7} - 1400 \times \frac{2}{7}$ 或 $1400 \times (\frac{3}{7} - \frac{2}{7})$。

③$1400 \times \frac{3}{7} + 1400 \times \frac{2}{7}$ 或 $1400 \times (\frac{3}{7} + \frac{2}{7})$。

④$1400 - 1400 \times \frac{2}{7} - 1400 \times \frac{3}{7}$ 或 $1400 - (1400 \times \frac{2}{7} + 1400 \times \frac{3}{7})$ 或 $1400 \times (1 - \frac{2}{7} - \frac{3}{7})$。

［心理学思考］课程改革后的教材中"解决问题"这部分不再单独成块编排，而是结合"数与代数"等知识教学分散出现。教师如果不能整体把握教材的前后联系，教学中就容易出现就题论题的现象。初建解题模型后，需要让学生在有序的练习中巩固新知、形成技能、发展思维。这部分练习，教师设计了"基本训练"、"分组练习"、"对比练习"、"补充条件"、"补充问题"等环节，引导学生在实际应用中对比、深化，归纳出解答稍微复杂的分数乘法实际问题的关键所在，从而将零散的知识"串联"、"结网"，并进一步拓展提升，形成认知网络体系。

四、全课总结

总结（略）
作业是教科书上"练习十六"的1、2两题。

【全课反思】

本课在教学设计上力求体现数学无痕教育的思想，突出表现在以下两个维度。

一、从简单出发

为了让学生在不知不觉中开始对新知的学习，教师在上课伊始并没有直接出示例题，而是和学生谈心："分数的意义是怎样的？例如 $\frac{5}{9}$，可以表示什么意义？""由 $\frac{5}{9}$ 这个分数你能想到什么？"看似简单、随意的谈话，其实是让学生回顾之前学习的分数意义的旧知，并通过一个分数例子让学生把对分数意义的理解"外化"为具体模型，从而再现分数的本质含义，为新知介入提供良好的生长点。接下来的教学更是顺着刚才的谈话和回忆，进一步思考"$1-\frac{5}{9}$的含义"，并在学生熟悉的校园运动会情境中逐步出示："其中男运动员占$\frac{5}{9}$，表示什么意义？""岭南小学六年级同学参加学校运动会，其中男运动员占$\frac{5}{9}$，从中你能知道什么？""岭南小学六年级有 45 名同学参加学校运动会，其中男运动员占$\frac{5}{9}$，从中你又能知道什么？"至此，随着已知条件信息的不断呈现，学生对题意的了解逐步深入，并运用已学的一步计算的分数乘法解决了实际问题。这样的复习铺垫和逐层引入，看似平常，其实符合儿童学习的心理规律，即由旧知到新知，由简单到复杂，由零散到整合。这样的设计起到了"先行组织者"（奥苏贝尔提出的一种提高教材可懂度的技术）的作用，是对教材的组织和呈现方式的有效改进，有助于为新的学习提供必要的准备知识，更有助于促进学习的正向迁移。

二、向本质迈进

数学教学的理想状态是通过学习使学生走进数学本质，进而通过数学学习使学生学会思维。本课在设计学生新知学习的过程和练习巩固的层次方面，力求体现以上观点。首先，在新知的建构过程中，教师没有直接让学生列式解题，也没有完全由教师直接讲解过程，而是精心设计了逐步深入的学习进程：理解题意→画图分析→尝试列式→比较异同→反思解法。这样的学习过程，通过对学习内容的探索、经历、反思与回顾，让学生进一步体验现实生活中有关稍微复杂的分数乘法实际问题的解决过程，感受解决问题策略的价值，积累解决问题的经验，鼓励学生从不同角度、用不同思路自主探索，倡导解决问题策略的多样化。学生在与他人的合作、交流过程中，共享解决问题的思维成果，思维的灵活性培养得到加强。同时，由于借助了几何直观，让学生直观理解不同解法的方法依据，从而对这类稍微复杂的分数乘法实际问题有了感性基础和理性认识，初步形成完整的认知结构。其次，在练习巩固中，循序渐进地设计了新知不断结构化的发展过程，并通过题组对比练习和综合应用练习，引领学生逐步向着本质迈进。例如在"对比练习"中，呈现一组类似的已知条件和所求问题信息，学生通过比较发现，相同的列式源于不同的情境，相同的情境产生不同的列式。学生在分析和比较中对运用分数乘法解决实际问题累积了更丰富的感性经验和理性思辨。最后的"综合练习"，通过补充条件和补充问题，针对学生的学习差异，设计了个性化和弹性化的学习要求，让每个学生都能在自己的学习基础上有所发展和提升，使每个学生都能走进数学本质，走向理性思维。

从简单出发，向本质迈进，其实就是数学无痕教育观中的"退"与"进"的艺术体现。从简单出发，是一种"退"，退到学生的认知基础和生活经验，退到学生的思维起点和数学现实；向本质迈进，是一种"进"，进到学生的认知结构和问题解决，进到学生的思维深处和应用策略。"退"与"进"的过程，是学生在潜移默化中掌握知识技能的过程，也是学生在不露痕迹中培养思维能力的过程，更是学生在淡墨无痕中感悟数学思想的过程。

6. 留心处处皆资源：我如何开发和利用课程资源

钱守旺

随着课程改革的不断推进，老师们逐渐认识到：教材仅仅是课程的一种重要载体，而不是课程的全部。任何课程实施，都需要利用和开发大量的课程资源。

老师们听完我的课后，都会提出这样的疑问：钱老师，您的课为什么资源总是那么丰富、那么鲜活，您是怎么得到这些资源的？下面就和老师们谈一谈除了教材资源，我是怎样用"数学的眼光"来搜索教学资源的。

一、身边素材的及时引入

当书本上的知识走向生活的时候，知识也会因生活的丰富多彩而更加可亲可爱。数学来源于生活，现实生活中的许多事件或现象都和一定的数学知识相联系。选择贴近学生生活的素材，不仅能唤起学生的生活经验，还能激起学生自主探究的愿望。其实，教师只要留心，生活中处处都是教学资源。

1. 选择学生现实生活中的事件或现象作为教学的资源

例如，在教学"万以内数的读法"一课时，在上课的前一天，布置调查作业，请学生搜集他们在日常生活中见过的万以内的数。结果第二天汇报时，学生从报纸、杂志、超市广告单等材料中发现了许多万以内的数。在课堂上，组织学生分类读数，取得了非常好的教学效果。

2. 选择有意义的热点问题作为教学的资源

热点问题是全社会普遍关注的问题，它与每个社会成员的利益息息相关，同样对学生也至关重要，更是学生渴望了解和知道的。例如，现在提倡建设节约型社会，在教学"大数的认识"时，就可以把一些由浪费造成的惊人数据展示给学生，让学生在读数的过程中心灵受到触动。

3. 选择振奋人心、激动不已的场面作为教学的资源

振奋人心的场面往往蕴涵着丰富的教育意义，适当引入这样的场面，往往可以达到"一箭双雕"的效果。例如，刘翔夺冠就是教学"秒的认识"一课的极好素材。我在教学时是这样进行的：

首先，组织学生观看刘翔奥运会夺冠的精彩片段。

北京时间 2004 年 8 月 28 日凌晨 2 时 40 分，雅典奥林匹克体育场，这是一个值得所有中国人铭记的日子，中国选手刘翔在男子 110 米栏决赛中以 12 秒 91 的成绩获得金牌！他创造了中国乃至亚洲的历史，成为第一个获得奥运田径短跑项目世界冠军的黄种人。让我们共同回顾这一精彩瞬间吧！

播放刘翔夺冠的视频。然后教师提问：刘翔夺冠用了多长时间？刘翔的速度非常快，用的时间非常短，像这样计量很短的时间，就要用到比分更小的时间单位"秒"。

4. 选择学生自身的生长发育过程作为教学的资源

少年儿童对自身的生长发育充满了好奇，从人体的奇妙变化的话题入手，极易激发学生的探究欲望。例如，在教学几分之一时，从"胎儿图"、"少年图"、"成年图"中头与身体的比例，逐步认识 1/2、1/4、1/8。经历分数的形成过程，使学生在认识几分之一的同时，也了解了自己的身体。

二、课堂生成资源的及时捕捉

《〈基础教育课程改革纲要（试行）〉解读》指出："课堂教学不应当是一个封闭的系统，也不应拘泥于预先设定的固定不变的程式。预设的目标在实施过程中需要开放地纳入直接经验、弹性灵活的成分以及始料未及的体验，要鼓励师生互动中的即兴创造，超越目标预定的要求。"布鲁姆也说过："没有预料不到的成果，教学也就不成为一种艺术了。"

学生是活生生的学习的主人，在课堂上学生会提出哪些问题，会怎样回答老师提出的问题，很多情况下老师是无法预料的。学生已有的知识基础、学生的差异、学生的精彩发言、学生提出的问题、学生学习中出现的错误、学生的

不同观点等，都是教师可以利用的教学资源。有研究证明：在错误产生的时候，学生头脑中的认知结构是处于"混乱"状态的。如果这时老师采用忽略错误、直接给出标准答案的做法，学生所获取的知识必然是死的、封闭的和支离破碎的。只有开放系统，才能在动态平衡中使系统结构不断处于有序状态，使"混乱"转化成有序。

例如，在教学人教版课标教材三年级上册"数学广角"一课时，我出示了这样一道题目：2004 年亚洲杯 A 组有 4 个球队参赛，每两个球队都要比赛一场，一共要比赛多少场？结果学生出现了三种答案：有说一共要比赛 6 场的，有说一共要比赛 12 场的，有说一共要比赛 3 场的。针对这种情况，我及时组织学生进行讨论、辩论，课堂气氛一下子活跃起来。学生各抒己见，最后，还是同意一共要比赛 6 场的同学说服了大家，使这一结果成了全班统一的结论。

教师在捕捉教学资源时应注意以下几点：一是树立正确的资源观念，上课时不能过度依赖既定的教学预案；二是真正了解学生；三是创建平等融洽的师生关系；四是提高教师自身素质，教师要有随时捕捉和利用教学资源的能力。

三、社区、家庭资源的合理利用

社区、家庭中有大量与数学教学相关的课程资源，如果我们在教学时能够合理利用，对激发学生的学习兴趣、拓展学生的知识面将大有好处。由于新教材内容大多与生活、生产结合十分紧密，这就要求教师走出课堂和学校，走向社会，走向社区，掌握翔实的材料、确凿的数据。

例如，在教学"利息"一课时，教师课前可以布置学生向家长或者到附近的银行了解有关利息的知识，课上进行汇报。在上课汇报时，学生从课外获得的信息，要远远多于教材中所介绍的知识。这样，学生不仅掌握了书本知识，对由此生发、拓展的生活常识也有了一定程度的了解。

四、媒体、网络资源的合理开发

随着社会的发展和人民生活水平的提高，电视、广播、报纸、杂志、计算机已经进入千家万户，学生获取信息的渠道越来越多，知识面也越来越广。当今社会是一个网络化时代、信息化社会，教师可以到网上收集一些与教学相关的题材来充实、丰富课本内容，这是活用教材的新途径。

例如，在教学"路程、时间、速度"一课时，教师播放从电视节目"动物世界"中截取的"猎豹追捕羚羊"片段，在猎豹即将追上羚羊时，画面停止。

教师提问：你们猜，猎豹能抓住羚羊吗？（学生猜测可能发生的情况）

生：我认为猎豹会抓住羚羊，因为猎豹跑得快些。

生：我认为猎豹抓不到羚羊，因为它体力不如羚羊好。

（教师进一步追问）：那什么情况下猎豹会抓住羚羊呢？

生：当猎豹比羚羊跑得快的时候就能抓住羚羊，它跑得比羚羊慢的时候就抓不到羚羊。

教师很自然地说明：这里的快和慢，就是我们数学上所说的速度。从而自然导入新课。学生喜欢的动物世界，紧紧抓住了学生的注意力。

又如，在教学"平移与旋转"一课时，就可以巧妙地运用媒体资源。

随着优美的旋律，老师带领孩子们一起进入游乐园参观，并请孩子们跟随活动的画面，用自己的动作和声音把看到的表演出来。屏幕上展现出各种游乐项目，有激流勇进、波浪飞椅、弹射塔、勇敢者转盘、滑翔索道等。一张张小脸上露出兴奋的表情，同学们时而发出叫喊声，时而高举手臂上下移动，尽情地表演着。

录像一停，老师开始与学生交流。

师：刚才我们看到这么多的游乐项目，能按它们不同的运动方式分分类吗？

生：激流勇进是直直地下冲的，可以叫它下滑类。

生：我认为观缆车、波浪飞椅、勇敢者转盘可以分为一类，因为它们是旋转的。

师：（紧接着）其他的呢？

生：弹射塔是向上弹射的，滑翔索道是往下滑的，它们和激流勇进可以归为一类。

师：刚才你们看到了不同的运动方式，像这样的——（用手势表示旋转的动作）你们能给它起个名字吗？

生：（异口同声）叫旋转。

（教师又接着用手势做出平移的动作问）像这样呢？

生：（几个学生小声说）可以叫平移。

师：（抓住时机）好，就用你们说的来命名。

（教师边说边板书：旋转、平移）

教师带领学生回顾生活，同学们在观察中发现了游乐园里的平移与旋转现象，体会到数学就在身边。

五、就地取材，因地制宜开发课程资源

广大的农村地区资源没有城市丰富，但是也要认识到农村有得天独厚的优势。农村的资源是具体的、真实的，跟学生的实际联系也是紧密的。例如，学生生活的环境就是一个宝贵的资源库，教师可以依托周边环境进行教学资源的开发，如可以从学校资源、生活资源、社会资源入手开发课程资源。

例如，植树问题的教学、统计知识的教学、正比例的教学等，都可以结合校园里的树木进行教学。教师还可以开发教室的墙壁资源，如低年级可以把学过的数字贴在墙上，高年级可以把 100 以内的质数表贴在墙上，把学生学习过程中的一些典型错误贴在墙上。这样可以提高这些资源与学生的"见面率"，给学生提供对这些知识的再认机会，以降低知识的遗忘率。

六、其他学科资源的有机整合

数学课程资源的开发要注意整合其他学科资源，其表现为：从其他学科中挖掘可以利用的资源来创设情境，帮助学生理解数学概念、掌握数学知识。

例如，在教学"等量代换"一课时，我就利用了学生在语文课上学到的《曹冲称象》的故事。一上课，我先出示曹冲称象的图片，问："看到这幅图片，同学们是不是想起了一个著名的历史故事？"学生几乎异口同声地说："曹冲称象！"我趁热打铁："还记得曹冲是怎样称象的吗？"

我结合课件的演示，让学生回忆曹冲称象的过程：先把大象赶到一艘大船上，看船身下沉多少，就沿着水面在船舷上画一条线；再把大象赶上岸，往船上装石头，一直装到船下沉到画线的地方为止；然后称一称船上的石头有多重，就知道大象有多重了。

之后我说明：如果我们从数学的角度看，这里曹冲运用了一种重要的数学

思考方法——等量代换。这节课，我们就来学习如何用"等量代换"的方法解决问题。

又如，在教学"可能与一定"时，我就巧妙地利用了一个小故事导入新课。

师：这节数学课，我们研究"可能与一定"。老师先给大家讲个故事。很久很久以前，在一个古老王国的监狱里关着一位犯人，这个犯人即将被执行死刑。这个国家有一条非常有趣的法律规定：在每个犯人被执行死刑之前，都会给他一次机会，让他抽签来决定自己的命运，在装签的盒子里有两张纸条，一张写着"生"，一张写着"死"，请小朋友们猜猜他可能摸到哪一张。

生："摸到"生"。

生：摸到"死"。

师：是啊！犯人摸到"生"就被释放，摸到"死"就被杀头，这两种可能性都有。但是很可惜，这个犯人有一个仇人，这个仇人想要他死掉，于是偷偷地把"生"这张纸条换成了"死"，结果两张纸条上都写着"死"。那么，犯人不管摸到哪一张，他的死是"可能"还是"一定"？

生："一定"是"死"。

师：但是他没有把纸条打开，而是一下子把纸条吞到肚子里。因为剩下的那张纸条上写着"死"，所以法官推断，犯人吃下的纸条上面写的一定是"生"。于是犯人当场被释放。

有趣的小故事，符合低年级学生的心理特点。这个小故事与普通的儿童故事不同，它不仅以极强的趣味性吸引了学生，而且其中包含了明确的数学教学内容——事物的不确定性和特定条件下的确定性，使学生从故事中悟出数学道理。

再如，在教学"循环小数"一课时，可以利用音乐节拍，很自然地导入新课。

师：（板书｜×××｜）这个节奏你们能拍出来吗？（学生一起拍掌）

师：（中断后）你们拍的节奏为什么这么整齐？

生：我们都是按照先拍一下、后拍两下这样相同的节奏拍的。

师：如果老师让你们按照这样的节奏，不断重复地一直拍下去，不叫停，想一想，你们要拍多少次？

生：要拍很多很多次。

生：要拍无数次。

师：像这样拍的次数是"有限的"还是"无限的"？

生：是无限的。

在这里，老师巧妙地利用了音乐课中的节拍导入新课，直观形象，引人入胜，使学生一下子就进入了学习的境地，也使学生初步感知了"循环"、"无限"等概念。

[片段写真] 比的意义导入

师：老师先问同学们一个问题，你们班是男生多还是女生多？男生有多少人？女生有多少人？

生：我们班男生多，女生少。男生有28人，女生有23人。（学生回答时教师板书男女生人数）

师：男多女少这种现象从全国来看也非常明显，甚至达到了男女比例失调的状态。

（教师在大屏幕上出示：据国家人口计生委介绍，我国出生婴儿性别比是100：117，即平均每出生100名女婴相应地出生117名男婴）

（接下来，教师在大屏幕上再次展示两幅画面，在画面中突出以下数据）

（1）海南省新生儿男女比例为135：100。

（2）我国于2000年进行的第五次全国人口普查显示：在新生的婴儿中，男女人数比为119.2：100。

（3）男女比例失调，十年后我国将会有数千万光棍汉！

（4）3000万光棍之争：中国人口性别比例将严重失调。

师：刚才我们提到的135：100、119.2：100都是比，关于比你们想知道些什么？

生：我想知道什么叫做比。

生：我想知道比的各部分名称。

生：我想知道学了比有什么用处。

师：比表示的是两个数之间的一种关系，这节课我们就来学习比的意义。（板书课题：比的意义）

[片段写真] 长方形和正方形面积教学

下面是我在广西桂林上课的课堂实录：

（课前游戏：考考你的观察力。教师出示两幅图片让学生观察，说一说自己看到了什么）

1. 观察发现

师：人们都说"桂林山水甲天下"，这话一点不假！这次钱老师到桂林来，亲眼目睹了桂林的山、桂林的水，我觉得比文人描写的还要美！你们看，钱老师一到桂林，就迫不及待地在象鼻山照了一张相。（出示自己前一天在象鼻山的照片）

师：（在大屏幕上播放 6 幅桂林山水的图片，一边播放一边富有感情地描述）你们看，桂林的山加上桂林的水，再加上水中那静静的倒影，简直就是大自然创作的一幅幅精美的图画。

（学生欣赏老师出示的几幅桂林山水的图片，被老师富有感情的描述吸引，个个脸上露出自豪的表情）

师：桂林的美景激发起了钱老师创作的欲望，老师也创作了三幅画。（出示第一幅面积是 6 平方分米的画）你们看老师画得怎么样？

生：（异口同声）很好！

师：谢谢同学们的夸奖！既然今天是数学课，那老师就提个数学问题。你们大胆地估计一下，这幅画的面积可能是多少？

生：我认为可能是 4 平方分米。

生：我认为可能是 8 平方分米。

生：我认为可能是 6 平方分米。

师：到底是多少平方分米呢？（把这幅画的背面展示给学生，画的背面画有许多面积是 1 平方分米的小方格）你们数一数，这幅画的面积是多少？

生：6 平方分米。

（教师接着出示面积是 12 平方分米和 20 平方分米的画，让学生估计每幅画的面积。教学过程同上。）

师：同学们看，刚才三幅画的面积，有的大有的小，凭你们的经验，请你大胆地猜测一下，长方形的面积可能与它的什么有关系？

生：我认为长方形的面积和它的周长有关系。

生：我认为长方形的面积和它的长有关系。

生：我认为长方形的面积和它的宽有关系。

（学生回答后，老师结合课件的动态演示，让学生确信长方形面积的大小与它的长和宽有关系）

（教师结合课件演示，启发学生思考：长方形的宽不变，长发生变化，它的面积怎么变化？长方形的长不变，宽发生变化，它的面积怎么变化？长方形的长和宽都发生变化，它的面积怎么变化？）

（教师在大屏幕上出示：长方形的面积与它的长和宽有关系）

2. 自主探究

师：长方形的面积与它的长和宽到底有什么关系呢？

（教师引导学生观察刚才出示的三幅画的长和宽：第一幅画的长是3分米，宽是2分米；第二幅画的长是4分米，宽是3分米；第三幅画的长是5分米，宽是4分米）

（至此，黑板上形成下面的板书）

面积（平方分米）	长（分米）	宽（分米）
6	3	2
12	4	3
20	5	4

师：同学们观察前面的板书，能发现什么？

生：我发现用长方形的长乘以宽正好等于它的面积。您看，$3 \times 2 = 6$，$4 \times 3 = 12$，$5 \times 4 = 20$。

生：（兴奋地）老师，我也发现了这个规律！

师：其他同学有没有发现？

生：（异口同声）发现了！

（教师把板书补充完整，形成下面的板书）

面积（平方分米）		长（分米）		宽（分米）
6	=	3	×	2
12	=	4	×	3
20	=	5	×	4

师：其他长方形的面积是不是也可以用"长×宽"来计算呢？请同学们以小组为单位进一步验证。

教师让学生任取几个1平方分米的正方形，拼成不同的长方形。边操作，边填表。

长（分米）					
宽（分米）					
面积（平方分米）					

学生以小组为单位操作后，组织汇报；教师板书面积、长、宽的数据。

启发学生思考：你发现其他长方形的面积与它的长和宽有什么关系？

引导学生得出：长方形的面积＝长×宽。

教师追问：在面积公式中，长×宽实际上表示的是什么？

教师通过课件的动态演示，使学生直观地看到：长是几厘米，沿着长边就可以摆几个面积是1平方厘米的小正方形；宽是几厘米，就可以摆这样的几排。

由此使学生理解：长×宽实际上表示的是长方形中所包含的面积单位的个数。

对于正方形的面积公式的得出，教师采用了下面的方式：

教师通过课件出示下面几个图形，让学生计算每个图形的面积。

长9米，宽8米；长8米，宽7米；长7米，宽6米；长6米，宽6米（实际上是边长为6米的正方形）。

教师通过课件演示，将长方形逐渐变成正方形。

提问：要求正方形的面积，该怎样计算呢？

引导学生由长方形的面积公式推出：正方形的面积＝边长×边长。

课堂智慧

可以这样巧用课程资源
——以两个课堂教学片段为例

一、"百分数的认识"教学片段

1. 别具匠心的课前谈话

（教师播放南非世界杯精彩进球集锦，并出示从网上找到的图片，如下图所示）

章鱼保罗世界杯八猜全中

2010年7月12日 10：56：33 来源：新华网【字号 大小】【留言】【打印】【关闭】

章鱼保罗再一次青睐西班牙队

师：2010 年足球世界杯，章鱼保罗预测比赛结果，8 次全中，预测成功率为 100％。（课件呈现比赛结果，如下）

小组赛首战预测德国胜澳大利亚　结果：德国 4：0 胜

小组赛次战预测德国负塞尔维亚　结果：德国 0：1 负

小组赛末战预测德国胜加纳　结果：德国 1：0 胜

1/8 决赛预测德国胜英格兰　结果：德国 4：1 胜

1/4 决赛预测德国胜阿根廷　结果：德国 4：0 胜

半决赛预测德国负西班牙　结果：德国 0：1 负

三四名决赛预测德国胜乌拉圭　结果：德国 3：2 胜

决赛预测西班牙胜荷兰　结果：西班牙 1：0 胜

师：章鱼保罗不仅 2010 年世界杯预测准确率极高，2008 年欧洲杯预测输赢的结果也令人惊叹。2008 年欧洲杯，它预测 6 次有 5 次准确，预测成功率为 83％。（课件呈现比赛结果，如下）

小组赛首战预测德国胜波兰　结果：德国 2：0 胜

小组赛次战预测德国负克罗地亚　结果：德国 1：2 负

小组赛末战预测德国胜奥地利　结果：德国 1：0 胜

1/4 决赛预测德国胜葡萄牙　结果：德国 3：2 胜

半决赛预测德国胜土耳其　结果：德国 3：2 胜

决赛预测德国胜西班牙　结果：德国 0：1 负

师：请看大屏幕上（如下图）。随着这两个数的出现，我们今天的数学课也就此开始了。

2. 感受生活中的百分数

师：大屏幕上的这两个数（指 100% 和 83%），你们认识吗？

生：认识，这些数是百分数。

师：对！这些数就是我们今天要认识的百分数。

师：这两个数你们会读吗？

生：第一个数读做"百分之一百"，第二个数读做"百分之八十三"。

师：百分数怎么写呢？看老师给你们写一遍。（示范如何写 83%，并介绍百分号及书写百分号时应注意的问题）

师：谁能说一说，在生活中你在哪儿见过百分数？

生：我在喝汇源果汁时见过百分数。

生：我在喝牛奶时见过百分数。

生：我在衣服的标签上见过百分数。

生：老师在期末考试计算及格率和优秀率时用过百分数。

生：老师，我在安装电脑游戏时用过百分数。

师：看来，生活中的百分数还真不少。老师课前也搜集了一些百分数，我们一起来看一看。（展示自己课前搜集的百分数，有的是网页中的信息，有的是报纸中的信息，有的是电视中的信息，有的是商品标签中的信息，有的是用杀毒软件为移动硬盘杀毒的信息）

千龙网：高考报名人数减少，今年高考录取率将逼近 80%。

新京报：北京新房房价上涨 17.8%。

深圳晚报：深圳房价下降 10.8%，创全国最大跌幅。

新浪财经：上海房价 7 月下降 24%，创三年最大跌幅。

中国教育报：5 年来全国教育投入平均增长 16.1%。

新京报：第二套房贷款首付不得低于 40％。

中国新闻网：受金融危机冲击，全球银行业总薪酬平均缩水 55％。

羊毛衫标签上的信息：100％纯羊毛。

瑞星杀毒软件为移动硬盘杀毒的视频：由 0 到 100％ 的杀毒过程。

师：百分数又叫做百分比或百分率。看了这么多的百分数，你们想说点什么？

生：我觉得百分数在生活中的应用非常普遍。

生：百分数随处可见，说明人们的生活离不开百分数。

生：用百分数交流起来非常方便。

二、"数字编码"教学片段

1. 创设情境，导入新课

（1）上海世博会资料

（教师播放有关上海世博会的视频，在视频中呈现以下信息）

6 个月 184 天。

190 个国家、56 个国际组织以及中外企业踊跃参展。

200 多万志愿者无私奉献，7308 万参观者流连忘返。

环卫工人每天凌晨 4 点开始工作。

安保人员每小时约 360 次微笑问候。

志愿者每天约 500 次解答询问。

7.6 万名外国工作人员辛勤付出。

师：简单的一组数据形象地刻画出了上海世博会工作人员的辛勤付出和所取得的巨大成功。

（2）由世博会门票引出"编码"

（教师出示两张上海世博会门票，如下图所示）

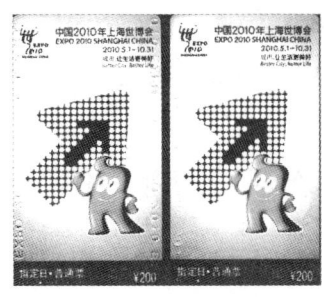

师：这两张门票有什么不同？

生：这两张门票一张是 10 月 4 日的，一张是 10 月 5 日的。

（教师出示这两张门票，引导学生看背面，如下图所示）

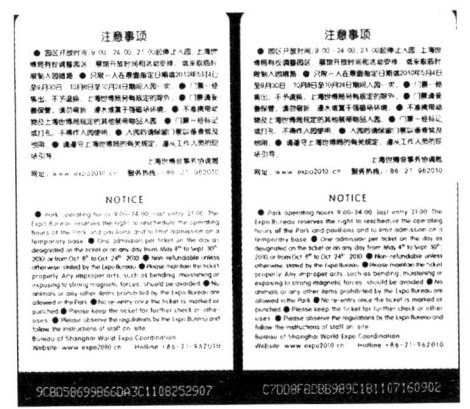

师：怎么知道这是两张不同的世博会门票？

生：门票上的编码不同。

9CBD58699B66DA3C1108252907

C7DD8FBDBB989C181107160902

（3）揭示课题：数字的用处（略）

2. 探究新知，感受数字的价值

（1）学生汇报课前调查的结果

生：我通过课前调查，发现生活中有很多编码。我家的门牌号是 8—15A，我家的车牌号是×××。

生：我家的电话号码是 8886××××。

生：我看了爷爷、奶奶、爸爸、妈妈的身份证，知道了他们的身份证号码都是 18 位。

生：我昨天跟妈妈到商场买衣服，发现衣服的标签上有条形码，付款时阿姨只要用一个东西照一下，就知道这件衣服多少钱了。

生：现在超市都是这样的，我妈妈就在家乐福工作。她们结账时都是扫条形码，这样非常方便。

生：老师，我爸爸是北京人，妈妈是湖北人，我发现他们的身份证号码前几位不一样。

……

（2）质疑问难

师：对于数字编码，你们还有什么问题吗？

生：老师，我想知道这些编码是怎样编出来的。

生：妈妈告诉我，身份证号码属于个人隐私，不能随便告诉别人。身份证号码真的有这么重要吗？

生：老师，我的身份证号码和很多人的不一样，最后一位不是数字，而是一个 X，这是怎么回事？

生：老师，为什么身份证号码是 18 位，如果位数再少一点，可以吗？

生：老师，车牌号是怎么编出来的？

生：老师，我想知道为什么超市一扫条形码就可以知道商品的价钱，这是什么原理？

……

（3）学生试着给运动员编号码

师：如果 502001 表示五年级 2 班 1 号同学，请试着为下面这些同学编一个运动员号码：

六年级 1 班 8 号同学

五年级 4 班 3 号同学

四年级 8 班 3 号同学

三年级 2 班 6 号同学

二年级 5 班 15 号同学

一年级 9 班 9 号同学

（4）创编学号，初步感受数字编码的准确性、简洁性

师：我们班每个同学都有学号，你的学号是多少？你呢？（10 号就代表你）5 号同学请举手，你叫×××。

师：如果在年级集会时叫 5 号，叫的一定是×××吗？为什么？要想保证叫的一定是你，怎么办？（请两个人说）请你把这个编号写出来。

（第一次写编号）

（分类挑几个编号）

［文字：六（14）12 号，六（14）8 号，请学生读出来，并说出表达的意思］

（数字：1425、143，你能看懂吗？请你先读这个编号，再说一说它表达了什么信息）

师：怎样给 1 班 5 号同学写编号？"0"起到什么作用？

师：（小结）班号与学号都用两位数表示，看来数量的多少决定了编号的位数。如果位数不够，就用 0 占位。

师：请修改一下你的编号。（第二次写编号）

师：61425，你读懂了什么信息？（找两个人说）

师：它是表示今年的六年级 14 班 25 号同学，还是表示去年的六年级 14 班 25 号同学呢？如何能更准确地表达这一届的六年级 14 班 25 号同学呢？请按小组讨论。

（小组讨论：入学年份、毕业年份）

师：把你的编号写完整。（第三次写编号）

师：请你先读出编号，然后连贯地说一下编号所表达的信息。

生：2005 年入学的 14 班 25 号同学，2011 届 14 班 25 号同学。

师：20111425 这个编号一定代表你吗？（增加学校代码）

师：人大附小的代码是 259，在编号前面再加上 259 就一定代表你了。

师：刚才我们经历的过程就是利用数字进行编码的过程。

7. 教学要以学生的学习为核心

牛献礼

在有效教学蓬勃发展的今天，衡量有效教学的关键指标已经从教师的教学转移到了学生的学习。所谓"有效"，是指通过教师一段时间的教学，学生获得的具体的进步或发展。也就是说，学生有无进步或发展是教学有没有效果的唯一指标。

当前，不少数学课堂表面看起来很流畅，也很热闹。但仔细分析却发现，教学并没有真正把学生作为学习的主体，教师代替学生分析、代替学生探究的现象还比较普遍，教师"重教太过"的现状并未得到彻底改变。有些时候，学生冒出一些新的想法，因为看起来比较幼稚，教师往往不会给予足够的关注，而这样一来，很多学习的可能性就被掐灭了。学生对知识的学习往往是浮光掠影、浅尝辄止，这种表面化的学习掩盖了学生的许多困惑和问题，造成学生缺乏对数学内涵必要而深刻的理解，不利于学生的成长和发展。

陶行知说："教的法子要根据学的法子来决定。"要提高课堂教学效能，关键是要以学生的学习为核心，教学要精确到与学生的需求相联系。教师要能对学生进行针对性教学。教师只有学会设身处地从学生的角度去思考问题，根据学生的学习需求决定"教什么"和"怎么教"，真切地挠到学生的"痒处"，才能使教学目标"有的放矢"，才能把学生表面化的学习变成充满思考的学习过程。教师在课堂上最重要的任务不是"讲课"，而是"组织学习"。教师要积极观察、聆听，善于诊断，时刻牢记自己是一个"学习的促进者"，而不是一个包办代替者，要尽可能多地激励学生自己学习和相互学习，尽可能多地教到每一个学生的心上，要在学生迷惑处、容易出错处、企及不到处加以点拨、指导和启发。

一、削枝强干，保证有合适的学习时间和有效的学习机会

学习要取得成效，就要保证有一定的学习时间。课堂的时间是一定的，学生的学习精力也是有限的。一节课首先要在时间上统筹安排，将时间花在刀刃上。所谓有效的学习机会，包括设置良好的学习情境、提供有挑战性的学习任务等各个方面。因此，教师如果能够针对学生的实际选择恰当的学习内容，特别是抓住课的重难点，精简非本质的内容，就会使一节课显得既充实又简约，既有骨也有肉。

以"平均数"的教学为例。课标教材把让学生体会平均数的意义、能用自己的语言解释其实际意义作为教学重点，这也是学生学习的难点，是学生真正的"痒处"。

为了让学生体会平均数的意义，在例题教学中，学生通过"移多补少"得到男生队平均每人套中7个、女生队平均每人套中6个后，追问学生：这里的"7"是指男生真的每个人都套中7个吗？这里的"6"是指女生真的每个人都套中6个吗？通过追问让学生体会到它们表示平均每人套中的个数，实际情况是有人套中的比它多，有人套中的比它少，也有人套中的和它一样多。它是移多补少得到的，反映的是这一组学生套圈的总体情况，它是一个抽象的统计数据，而不是真实的原始数据。

在练习环节，也把让学生体会平均数的意义作为重点。补充题目如下。

1. 辨一辨，说一说

（1）据统计：我们学校为汶川灾区人民平均每人捐款28元，那么，每位同学一定都捐了28元。

（2）我们学校篮球队队员的平均身高是160厘米，小林想：学校的某个篮球队员身高有可能是155厘米吗？

（3）池塘平均水深为120厘米，小霞想：我身高155厘米，下水游泳一定不会有危险。

2. 想一想，选一选

小林和小华进行了三场套圈比赛，每人每次都是套15个圈，下面是小林套中个数的统计（如下图所示）。

	第一次	第二次	第三次	平均数
小林	12 个	11 个		10 个

小林第三次套中的个数怎样呢？

（1）小林第三次套中的个数比 10 多。

（2）小林第三次套中的个数比 10 少。

（3）小林第三次套中了 10 个。

显然，通过这些针对性很强的联系实际的应用练习，能够加深学生对平均数意义的真正理解。

二、以学定教，基于学生的学习需求展开教学

"以学定教"就是坚定以学生为本的理念，根据学生的学情进行教学设计，根据学生课堂反馈的信息调整教学内容。对学生易学已懂的内容，教师在教学设计中要淡化；对学生难学未懂的内容，教师在教学设计中要重视。教师要"教所当教"。学生已会的不讲，学生自己能学会的不讲，讲了学生也不会的不讲；教师集中力量讲学生学习过程中的易混、易错、易漏点，讲学生想不到、想不深、想不透的，讲学生解决不了的。

例如，在教学"年、月、日"一课时，在第一轮教学实践中，主要教学环节是这样展开的：（1）引入时间单位"年、月、日"；（2）介绍一年、一月、一日的规定；（3）观察年历表，了解每个月的天数，知道大、小月，记住每个月的天数以及平年、闰年全年的天数；（4）探索判定平年、闰年的方法；（5）各种形式的巩固练习。

整节课过程目标清楚，加上练习形式丰富，学生看起来还是学得很顺的，但在独立练习时却错误很多。我们注意到这样一个细节：有学生说，"这些知识我早都知道了，没意思"，还有学生说，"为什么有的月是大月有的月是小月，这都是按什么规律来规定的呀？为什么 2 月份这么特殊呢"。是啊，如果按我们以前的设计来上，这节课充其量是对学生已经知道的一些零散知识点的整理与归纳，学生识记了很多结论性的东西，通过积极主动的思考获取的体验并不多。

问题出在哪里？出在我们没有关注学生的学习现实。对于时间单位年、月、日，学生已经知道了很多，但他们困惑的是什么，想知道的又是什么呢？这节

课不应该是一大堆概念的识记，何况，在没有理解的基础上识记，效果是不会好的。通过一番学习，特别是对历法发展过程的了解与研究，我们重新设计了一轮教学思路，如下。

（1）引入时间单位：年、月、日。

（2）交流已有知识经验。鼓励学生提出困惑，如为什么每个月天数不一样，为什么2月份天数特别少，每四年里为什么有一个闰年，等等。

（3）围绕学生提出的问题展开探究。

①介绍：一年、一月、一日的规定。同时说明：地球绕太阳转一圈需要365天5时48分46秒，为了方便，将一年定为365天。

②探究：为什么月份有大小？大小月是如何规定的？

在学生充分观察年历卡、交流发现的基础上简单介绍历法的发展过程，并引入典故。

（4）探究：为什么四年一闰、百年不闰、四百年又闰呢？

引导学生通过计算来探究，正是因为一年的真正时间比365天约多6小时，每四年约多出一天来，因此规定每四年一闰。可是这样一来，每四百年又会亏三天，所以规定每百年不闰，四百年才又闰。

（5）各种形式的练习。

第二次教学实践围绕着学生所想、所惑展开，通过有趣的历史故事和引人思考的数学问题引导学生经历了知识的形成过程。学生学得积极主动，思维充盈着活力。

三、引导交流，在多方互动中促进学生学习

"数学教学是数学活动的教学，是师生之间、学生之间交往互动与共同发展的过程。"学生的数学学习过程应当表现为一个探索与交流的过程——在探索的过程中形成对数学的理解，在与他人的交流中逐渐完善自己的想法。其中，师生对话是教学过程的核心环节，它对学生学习实践产生重要的引领作用。在这个过程中，教师的主要作用是设置有挑战性的问题，组织、调控和维持讨论的秩序，"倾听——梳理——激疑点拨"，在生成问题处、发现最佳答案处、发现典型错误处、发现思路与方法处重点评议。

以"用字母表示数"的一个教学片段为例：

编儿歌：

一只青蛙一张嘴，两只眼睛四条腿；两只青蛙两张嘴，四只眼睛八条腿；三只青蛙三张嘴，六只眼睛十二条腿；……

你能用一句话就把这首儿歌读完吗？

先让学生独立思考，教师注意收集学生的典型想法。在全班交流时，有序呈现学生的以下想法：

方法一：x 只青蛙 x 张嘴，x 只眼睛 x 条腿。

老师没有作出评价，而是让学生来评价这种方法的优劣。

生：如果 x 代表一，就成了一只青蛙一张嘴，一只眼睛一条腿，这是一只残废的青蛙。（众笑）

同学们在笑声中明白了"在同一个情境中，一个字母只能代表同一个数"。

方法二：a 只青蛙 a 张嘴，b 只眼睛 c 条腿。

师：这种方法用不同的字母来表示不同的数量，就避免了上面的问题，好不好？

生：这个方法也不好。我也举个例子，a 代表一，b 代表三，c 代表五，就成了"一只青蛙一张嘴，三只眼睛五条腿"，也是一只残废的青蛙。（众笑）

同学们在笑声中又一次明白了必须用字母表示出数量之间的正确关系。

师：你是说这样的写法没有反映出儿歌中几个数量之间的关系，所以不太好。其实这里的 b 和 c 分别表示什么？

生：b 表示 $a \times 2$，c 表示 $a \times 4$。

方法三：a 只青蛙 a 张嘴，$a \times 2$ 只眼睛 $a \times 4$ 条腿。

……

产生解决问题的需要，是学生自主探究的最大动力。由于"青蛙的只数、嘴巴的张数、眼睛的只数和腿的条数"可以一直不停地数下去，学生自然会产生追求简约的需要。此时，教师提出有挑战性的问题："你能用一句话就把这首儿歌读完吗？"并给学生留下了充足的自主探究时间，学生根据自己的理解创造出了多种用字母表示的方法，充分展现了学生对情境问题的深入思考，尊重了学生的个体差异。同时，教师收集学生的记录方式，有意识地先呈现错误的方法，再呈现正确的方法，很自然地呈现出学生思维的差异。在这个过程中，教师注意延迟评价，更多地进行生生之间的互动，引发学生之间不同想法的交流、不同思维的碰撞，让学生经历了知识的形成过程，在创造方法和交流想法的过程中，真切体会到用字母表示数字的概括性和优越性。

有效的课堂教学，从动机到结构都是以学生学习为中心来组织，而不是以教师为中心来组织的。应该把学生的学习和成长放在中心位置来考虑教学，让学真正成为教学的核心，让教永远伴随着学生的学，以学定教，少教多学，让学生在这一过程中发展。

"比的认识"教学实录与思考

【教学内容】

人教版课标实验教材小学数学六年级上册"比的认识"。

【教学思考】

唐代杜牧说："学非探其花，要自拔其根。"意思是说学习不能停留在表面上，只顾形式上热热闹闹，要寻根究底。那么，怎样让学生高水平地理解"两个数相除又叫做两个数的比"呢？通过课前的学情调研发现，学生对"两个同类量之间的相除关系用比来表示"基本没有学习障碍，原因是这两个量的单位相同，比的结果表示这两个量之间的倍数关系，这很容易被同化到学生已有的认知结构中去。毕竟，学生从二年级就已经接触到"倍数关系"了。但也正是因为对"两个数相除表示倍数关系"太熟悉了，学生反而产生了思维定势，对于"两个不同类的量之间的相除关系用比来表示"就不是很认同了。他们往往认为："这两个量单位不同，相除的结果不表示倍数关系，怎么能用比来表示呢？"这是学生学习的难点，也是真正的"痒处"。教学中，需要教师针对学生的学习障碍，在学生的"痒处"反复抓挠，帮助学生剥离数学概念的非本质属性，理解概念的本质。

课一开始，联系学生已有的知识经验，教师精心创设了"照片选美"的情境，引导学生观察、比较、交流，得出照片美的程度与长方形的长和宽的倍比关系有关，从而自然地把"比"与"倍比"、"分数"联系起来，从整体上揭示了"比"的本质。学生在应用已有知识的过程中形成了新知识，在建立新概念的同时深化了原有认知。教师在学生初步感知"比"的概念的基础上，抓住知识的本质属性，为学生提供一组相同的"数"，从正、反例的角度让学生经历由表及里的辨析过程，促使学生逐步剔除知识的非本质属性，从干扰因素中辨析出知识的本质内涵——是否具有相除关系，最终将其落实到思维深处。

【教学目标】

1. 经历从具体情境中抽象出比的过程，理解比的意义，认识比的各部分名称，会求比值，理解比和分数、除法的关系。

2. 感受比在生活中的广泛应用，能利用"黄金比"的知识解释一些简单的生活问题，体会数学的价值。

【教学重、难点】

理解比的意义。

【教学过程】

一、观察比较，初步感知比的意义

师：杭州被称作"人间天堂"，在很大程度上是因为那里有美丽的西湖，苏东坡有诗赞美："欲把西湖比西子，淡妆浓抹总相宜。"想不想看一看西湖的美景？下面就是三张不同规格的西湖照片，请同学们欣赏。（出示照片）

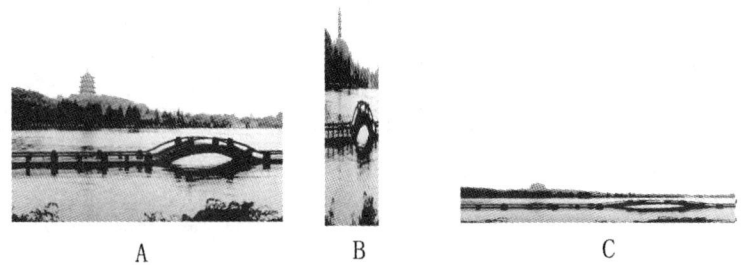

A   B   C

师：你觉得哪张照片看起来更美观、更舒服？
（全班统计，发现大多数同学喜欢照片 A）

（调查现场听课教师的看法，绝大多数教师也都选择了照片 A）

师：看来大家的感觉很相似。在这三张照片中，绝大多数人都不约而同地选择了 A。谁来说一说想法？

生：照片 B 太高了，显得很窄；照片 C 又太扁了，景物都看不清楚。

师：你的意思是它们的长和宽的长度不协调，是吗？

生：是。

生：我觉得照片 A 的长与宽之间的比例比较匀称，看起来舒服。

师：看来，长方形照片好看不好看，还与它的长和宽有关。照片 A 的长和宽之间到底有什么关系，才让大家都感觉它比较美观呢？这节课我们就从数学的角度去探寻其中的奥秘，为自己的感觉寻找一个理性的证明。

（出示照片 A 的长与宽的数据：长 8 厘米、宽 5 厘米）

师：怎样用算式表示长和宽的关系呢？

生：$8-5=3$（厘米）

师：这是用减法表示长和宽相差多少，还可以怎么表示呢？

生：$5\div8=5/8$。

师：表示什么意思啊？

生：表示宽是长的 $5/8$。

师：这是用除法来表示两者之间的倍数关系。宽是长的 $5/8$，长就是宽的——

生：$8/5$ 倍。

（结合学生回答，教师板书：$8\div5=8/5$　$5\div8=5/8$）

师：在数学上，两个数量之间的相除关系还有一种新的表示方法：比（板书）。比如说，长是宽的 $8/5$ 倍，可以说成长和宽的比是 8 比 5；宽是长的 $5/8$，可以说成——

生：宽和长的比是 5 比 8。（教师板书）

师：说得好。不过，同样是表示长和宽的关系，为什么一个是 5 比 8，另一个是 8 比 5 呢？

生：5 比 8 是宽和长的比，8 比 5 是长和宽的比，不一样。

师：由此看来，用比表示两个数的关系时，这两个数的位置能不能随意颠倒呢？

生：不能。

二、辨析质疑，归纳概括比的意义

（教师出示）

(1) 围棋小组有男生 5 人，女生 4 人。

(2) 一辆汽车 4 分钟行驶了 5 千米。

师：你认为哪一组中的两个数量之间的关系可以用比来表示？如果能表示就请写下这个比，要写出谁与谁的比，并想一想比出来的结果表示什么意思。如果你认为不能用比来表示，也请写出理由。

（学生独立思考，动笔书写，相互交流）

生：第（1）题中的两个数量之间的关系能用比来表示，男生和女生人数的比是 5 比 4，女生和男生人数的比是 4 比 5。

师：大家同意吗？

生：（异口同声）同意。（教师板书：男生和女生人数的比是 5 比 4）

师：第（2）题中路程和时间的关系呢？

生：不能。

（全班学生基本上都认同该生的意见，个别学生面露困惑，但没有人表示反对）

师：（追问）说说你的想法。

生：因为第（1）题中的两个数量都是人数，单位相同，所以能用比来表示；而第（2）题中的两个数量单位不相同，所以不能用比表示。

（很多学生表示赞同该生的意见，没有反对的声音）

师：（有意挑起争端）听起来似乎有道理，而且大多数同学都支持这个观点，但真理有时候却掌握在少数人手里，难道没有人提出反对意见吗？

生：（鼓起勇气）我觉得第（2）题也能说成两个数量的比，5 千米是路程，4 分钟是时间，它们之间不也是相除的关系吗？

生：我反对，这里 5÷4 的得数表示什么呢？得数表示"速度"，不表示倍数关系啊！

［认为第（2）题能说成两个数量的比的学生无语，坐下］

师：看来大家对第（2）题还是有争议。比较路程和时间这两个数量，跟前面的几组数量相比有很多不同之处，单位不同，除得的结果不同，但是它们有没有相同之处？

生：有，它们都是用除法计算的。

师：对，尽管它们有那么多不同之处，但是都可以用除法表示它们之间的关系，所以第（2）题中的路程和时间之间的关系也能用比来表示，比的结果不表示"倍数关系"，而是形成了一个新的量——"速度"。

（教师板书：路程和时间的比是 5 比 4，$5 \div 4 = 5/4$）

（学生都恍然大悟）

[教师再出示第（3）题：物美超市的香蕉 5 元钱 4 斤]

师：这两个数量呢？

生：可以用比来表示，总价÷数量＝单价。（教师板书：$5 \div 4 = 5/4$）

师：比的结果表示什么？

生：单价。

师：通过刚才的交流，大家想一想：什么是比呢？

生：比就是除法。

师：两个数相除又叫做两个数的比。（板书）

[教师再出示第（4）题：淘气买了 5 支钢笔，每支 4 元]

师：这两个数量之间的关系能用比来表示吗？

生：单价和数量之间是相乘的关系，没有相除的关系，不能用比来表示它们的关系。

师：两个数量之间有相除的关系，才能用比来表示。

三、自学交流，认识比的各部分名称

师：通过学习，我们知道了比与除法联系密切，除法里有除号，比当然也要有——比号，有谁知道比号怎么写吗？（板书"："）知道为什么这么写吗？其实这是一种人为规定。（出示）

17 世纪，德国数学家莱布尼兹认为，两个量的比，包含有除的意思，但又不能占用÷，于是他把除号中的小短线去掉，用：表示。后来，这种表示方法逐渐在全世界被采用。

师：其实，考察数学的发展历史可以发现，很多数学知识都是人为规定、约定俗成的，由某位数学家创造出来后，逐渐被大家认可，最后成为世界通用的数学语言。

（学生看书自学，认识比的各部分名称，全班交流；教师板书）

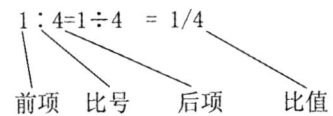

前项　比号　　后项　　　　比值

师：怎样求比值？

生：求比值就是用比的前项去除以后项。

师：比值通常用最简分数表示，能除尽时也可以用小数或整数表示。

［教师出示：3∶5＝（　）÷（　）＝（　）/（　）］

（学生口述答案，集体评议）

师：想一想，比的前项、后项和比值分别相当于除法算式或分数中的什么？

（小组讨论后全班交流）

生：比的前项相当于除法算式中的被除数，也相当于分数中的分子；比的后项相当于除法算式中的除数，也相当于分数中的分母；比值相当于除法中的商，也相当于分数中的分数值。

师：根据它们之间的关系，比也可以用分数的形式表示，比如：1∶4可以写做1/4，读做"一比四"。3∶5可以写做3/5，读做"三比五"。

四、应用拓展，深化理解比的意义

师：在生活中，我们经常用比来表示两个数量之间的关系。

（教师出示：一瓶洗洁精，使用说明上写着：原液与水的比是1∶2）

师：你知道1∶2表示什么意思吗？

生：说明水是原液的2倍。

生：表示1份原液要加2份水。

生：原液是水的1/2。

生：原液占1份，水占2份，一共是3份。

师：大家理解得都很正确，1∶2表示两个数量之间是1份与2份的关系。如果一瓶洗洁精的质量是600克，那么，原液和水各是多少克？

生：原液是200克，水是400克。

师：你是怎么算出来的？

生：600÷3＝200（克），200×2＝400（克）

（教师出示：在足球世界杯半决赛中，巴西队以1∶2不敌荷兰队，没能进

入决赛）

师：这个比赛中的1∶2和洗洁精的成分中的1∶2意义一样吗，为什么？

生：不一样，比赛中的1∶2表示的是两个队的得分情况，巴西队进了1个球，荷兰队进了2个球。而洗洁精成分中的1∶2表示原液占1份、水占2份。

师：我们回过头来看看刚才比较的西湖照片，为什么很多同学都感觉宽和长的比是5∶8的照片比较美观呢？

（教师出示：其实，类似这样的实验早在100多年前，德国著名心理学家费希纳就做过了。他设计了各种比例的长方形，先后请了592人来参观，并投票选出了最美的长方形。长8宽5、长34宽21、长13宽8、长21宽13的长方形被评为最美的长方形。结果发现：这些最美长方形的宽与长的比值都接近0.618，于是0.618∶1就被称为"黄金比"。当一个物体的两个部分之间的比大致符合"黄金比"时，会给人一种优美的视觉感受）

师：我们来算一算这个长方形的长和宽的比值是多少，5∶8＝5÷8＝0.625，非常接近0.618这个黄金比，所以它看起来比较美观。明白了吗？

生：明白了。

师：至此，我们运用数学知识为自己的感觉找到了一个理性的证明。其实，黄金比在生活中的应用很广泛，许多建筑作品、艺术作品为了给人以美感，都是按黄金比来设计的。

（教师出示五角星、维纳斯女神等图片，介绍黄金比的应用）

五、课末总结（略）

8. "画数学"真简单

戴曙光

2010年6月，中美教育高级论坛在北京森根国际大酒店举办，美国加利福尼亚州立大学安淑华博士和几位美国教师参加了此次论坛，其中一位女教师现场展示了一节初中数学课"勾股定律"，通过"摆豆子"游戏活动来证明直角三角形的三边关系。

"初中学生还在摆豆子?"我很好奇，安博士的回答大大出乎我的意料："美国大学的数学教育是十分重视直观操作的，离开了形象思维，抽象思维就像断了线的风筝。"

是啊! 警察破案，单凭受害人对罪犯的体貌特征的描述，是很难找到犯罪嫌疑人的，往往要根据受害人的描述画出犯罪嫌疑人的头像，让受害人辨认，再修改，直到画得像为止，从而顺利地找到犯罪嫌疑人。我们成年人在解一道题时，也常常需要把文字画成图形，方能找到解决问题的办法，何况未成年人呢!

儿童的认知分为三个阶段：动作语言（操作水平）、图形语言（表象水平）和符号语言（分析水平）。在小学低年级，我们看到的更多的，是学生实际操作和利用图形，在动作和图形中认知，建立丰富的表象，以此支撑符号语言的认知。到了高年级，实际操作变得少了，而文字语言和符号语言越来越复杂，很多学生一看就"晕"，越发感到数学很枯燥，于是对数学失去了兴趣。

打开文字、符号与图形语言的通道，让那些显得刻板的文字或符号变成鲜活的图形，从直观到抽象，从抽象到直观，让形象思维与抽象思维和谐共舞，学生应该会学得轻松快乐一些。

为此，我在分数内容的教学中尝试运用"画数学"的思想与方法，取得了意想不到的效果。

一、画分数——不知不觉地感悟

分数的意义看似简单，但在解决分数问题时，学生往往会晕头转向。例如："一根绳子，第一次截去了它的 $\frac{1}{4}$，第二次截去了它的 $\frac{3}{4}$ 米，哪次截去的绳子长？"很多学生认为第二次截去的长。学生真实想法的背后暴露出对分数意义的一知半解。

虽然一个学生能把分数的意义"把一个整体平均分成若干份，其中的一份或几份的数叫分数"背诵出来，但我们可能无法确定他是否真正理解了分数，这是多么可怕的一件事！因此，我们需要的不是定义的分数，而是行为的分数，即通过大量的"操作"活动（如分一分、画一画等活动）来理解分数的意义。

那么，怎样才能使学生真正理解分数呢？我采用"画分数"的方法演绎了分数教学的精彩一刻。

[片段写真]

"今天，老师给大家带来了一份礼物——饼。"我在黑板上画了一个大大的饼，引发了孩子们的一片笑声。

"请你也画一个大饼，表示出它的 $\frac{1}{2}$。"学生很认真地画着，并把饼平均分成了 2 份。

"我把 $\frac{1}{2}$ 块饼给这位同学，把另一块饼的 $\frac{1}{2}$ 分给另一个同学，公平吧？"

"很公平！"孩子们齐声答。

"再画一个小饼的 $\frac{1}{2}$，把这块小饼的 $\frac{1}{2}$ 分给这位同学。"

"不公平，不公平！"孩子们这才发现上当了。

"为什么？"

"大饼的 $\frac{1}{2}$ 大于小饼的 $\frac{1}{2}$。"

接着，通过画"一盒里两个饼的 $\frac{1}{2}$ 是多少""一盒里饼的 $\frac{1}{2}$ 是 3 个、

4个，这盒饼有多少个"，学生不知不觉中感受了"由于一盒饼的个数不同，同样分出它的 $\frac{1}{2}$，数量也不同"。

"我们刚才分饼，有什么相同的地方和不同的地方？"

通过比较，师生用一条线段说明了 $\frac{1}{2}$ 的内在含义：都是分一盒饼，用"1"表示，平均分成2份，表示其中的一份，就是它的 $\frac{1}{2}$。

"这个'1'可以表示1、2、3、4…个饼，也可以表示40个呢，为什么？"

"我们一个班是40个同学。"一个学生叫起来。

"对！40个同学都在'1'个班里，'1'还可以表示13亿。"

话音未落，一个同学站起来大声说："我们一个国家有13亿人。"

"是啊！这个'1'神通广大，表示的数量不同，它的几分之几的数量也不同。"

"一个盒子里有12个饼，请你画出它的 $\frac{1}{12}$，再画出它的 $\frac{1}{4}$，谁多谁少？为什么？"我进入了第二个教学环节。

"12个饼的 $\frac{1}{12}$ 是1个，它的 $\frac{1}{4}$ 是3个，分的份数越多，每份的数量就越少。"学生的回答很正确。

"再画出它的 $\frac{2}{4}$，你又有什么发现？"

"$\frac{2}{4}$ 是 $\frac{1}{4}$ 的两倍，同样平均分成4份，2份比1份的数量多。"学生的回答同样令人满意。

在这两个教学环节中，学生饶有兴致地画着大小不同的饼、个数不同的饼，通过比较发现了分数的本质：大小不同的一个饼、个数不同的一盒饼（一个整体），同样的分数，表示的数量也不一样；同样数量的饼，不同的分数表示的数量也不一样。

二、画算式——简简单单地理解

数学算式是数学问题的高度概括，是经过抽象化、形式化、符号化的语言，它体现了一种简洁美。但对于小学生来说，要体会这一数学的美是相当困难的，因为符号化的语言给学生的直接感受是枯燥无味的。如果老师只拘泥于算式符号的求解，只求算法而不求算理，重结果轻过程，那么学生对计算也就是只知其然而不知其所以然。

计算教学重视在研究"怎么算"中明白算理，培养数感。把算式变成图形，化抽象为形象，让学生在"画算式"探究方法的过程中尝到"甜头"，体会数学学习的乐趣。

有什么样的认识，就有什么样的课堂。我以北师大版五年级下册"分数除法（一）"为内容试了试。

【片段写真】

"老师带来了几道算式，相信同学们很快就会知道结果。"我连续出示了两道计算题：$\frac{2}{3} \div 1 =$ $\frac{4}{6} \div 2 =$

"$\frac{2}{3} \div 1$ 等于 $\frac{2}{3}$，因为一个数除以 1 还是等于这个数。"一个学生站起来说。

"$\frac{4}{6} \div 2$ 等于 $\frac{2}{3}$，分子 4 除以 2 得 2，分母 6 除以 2 得 3，因此等于 $\frac{2}{3}$。"另一个学生站起来回答，显得很自信。很多同学表示赞同，但也有些同学皱着眉头。

"唉，不对呀！$\frac{4}{6}$ 化简就是 $\frac{2}{3}$，$\frac{2}{3}$ 除以 2 怎么还等于 $\frac{2}{3}$ 呢？不对，不对！"第三位学生提出质疑，而且得到越来越多的同学的响应。

"是啊！$\frac{2}{3}$ 除以 2 怎么还等于 $\frac{2}{3}$ 呢？肯定不对！那到底等于多少呢？"我重复刚才学生的话，也作了相应的表态。

"应该是 $\frac{1}{3}$ 吧！"同学们不敢肯定自己的想法。

"不能'应该是……'，要拿出确切的证据，以理服人。把这个算式画出来试试看。"我提示道。

同学们很认真地画着，有的用一个圆，有的用一个长方形画出它的 $\frac{2}{3}$，

再把它的 $\frac{2}{3}$ 平均分成 2 份，发现每份是 $\frac{1}{3}$。

"把算式画出来，一下就明白了，只用分子 2 除以 2，分母 3 不变。但如果是 $\frac{2}{3}$ 除以 3，2 除以 3 不够商怎么办？"我得给他们制造点麻烦。

"是啊！怎么办呢？"

"还是想办法把它画出来吧！"我继续提示他们。

很快，同学们想出了不同的办法。如下图：

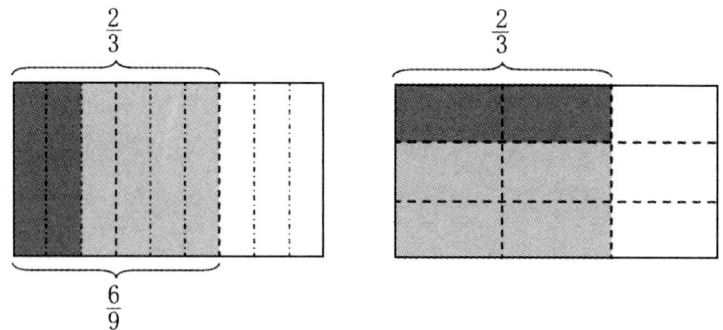

"把 $\frac{2}{3}$ 画成 $\frac{6}{9}$，$\frac{6}{9}$ 除以 3 等于 $\frac{2}{9}$。"

"把 $\frac{2}{3}$ 平均分成 3 份，发现等于 $\frac{2}{9}$。"学生抢着回答。

"请大家仔细观察，你有什么发现？"我问。

"分母乘以 3，分子不变。"

"除以 3，就是乘以它的 $\frac{1}{3}$。"

"是吗？刚才 $\frac{2}{3}$ 除以 2，是不是也可以乘以 $\frac{1}{2}$ 呢？试试看。"我说。

学生试着乘以 $\frac{1}{2}$，发现结果不变。

"刚才，我们通过把算式画出来，发现除以一个整数，可以变成乘以这个整数的倒数，把除法变成已经学过的乘法来计算。"

接着，我作了课堂小结。

数学家华罗庚说："善于'退'，足够地'退'，'退'到最原始的而不失去重要的地方，是学好数学的一个诀窍。"毋庸置疑，变抽象为形象，通过"画算式"将新知和学生已有的生活经验和知识经验联系起来，简简单单地理解，的确是数学学习的好方法。

三、画题意——轻轻松松地做题

苏霍姆林斯基说："如果哪个孩子学会了画应用题，我就可以有把握地说，他一定能学会解应用题。"学生在解决数学问题时常会出现错误，很多教师都认为学生没有理清数量关系，而学生对数量关系为什么理不清呢？根源在于学生在还没有理解题意的情况下就开始做题了。因此，只要让学生习惯把应用题用图的形式画出来，把抽象的文字语言变成直观的图形语言，数量关系就能理清了。

【片段写真】

"会画画吗？"我问

学生齐答："会！"

"请画出一辆小车。"我说。

学生很快就在本子上画了一辆小车，虽然有的画得不太像，我还是表扬了他们。

"再画三辆小车。"

学生一辆一辆地画，花的时间比较多，我在等待。

"再接着画 61 辆。"

"老师，一节课也画不完。"不知哪位学生说出了我需要的这句话。

"老师用半分钟就可以把它画出来，不信，请看。"我用一个圈表示 65 辆车，又用一个长方形或一条线段表示 65 辆车。

"简单吧？"我回过头微笑着说。

"简单！"

"这 65 辆车是车店第一天的成交量，第二天比第一天增加了 13 辆，请你画出第二天的成交量。"

我发现学生有的画得太多，有的画得太少，于是把这两种情况展示给全班学生。

"这增加的 13 辆怎样才能画得准确呢？"

"这13辆刚好是65辆的$\frac{1}{5}$，把上面图形平均分成5份，多画那样的1份。"一个学生站起来说。

"这种办法好！请大家再画一次，让它更加精准一些。"

学生第二次画与第一次相比，是带着数学思考去画的。这正是我需要的。

"把刚才画的图形读一遍。"

学生一边说，我一边板书：车店第一天成交65辆，第二天成交量比第一天增加13辆。

"根据这两条数学信息，你能提出什么问题？"

"第二天的成交量是多少？"

"两天一共成交多少辆？"

"会算吧？"我问学生。

"太简单了！"学生显得很自信。

"我把题目变一变，把13辆改为$\frac{1}{5}$，你能解决这道题吗？"我用红笔将"13辆"改为"$\frac{1}{5}$"。

"很简单！65加上$\frac{1}{5}$不就等于65$\frac{1}{5}$（辆）吗？"学生还是显得很自信。

"汽车能卖$\frac{1}{5}$辆吗？"有同学开始质疑。

"这增加的$\frac{1}{5}$不是$\frac{1}{5}$辆，是13辆。"一个学生在我的鼓励下用图表示出增加的$\frac{1}{5}$。

"这个同学的方法真好！大家一起动手画一画。"

同学们画着画着，发现与刚才画的图完全一样。

"第一题很明显地告诉我们增加13辆，用65加上13就行了；第二题增加$\frac{1}{5}$，并没有告诉我们实际增加多少辆，先要求得增加$\frac{1}{5}$是增加了多少辆。"我与同学们一起列出算式求解。

……

在这一教学环节中，我们从画图到使用文字表述图中的信息，进而变题，又从文字到图形，不露痕迹地沟通新旧知识的联系，轻轻松松地突破了"增加 $\frac{1}{5}$"的难点。

经过一段时间的尝试，同学们在"画数学"中尝到了乐趣，我也在"画数学"教学中尝到了甜头。在教学过程中，发现学生难以理解、产生困惑时，让学生"画"；学生在解决问题遇到困难时，自觉地想到"画"。"画数学"已经成为教与学的一种方法，甚至是一种思想。在这一思想与方法的导引下，老师教得简单，学生也学得轻松。

课堂智慧

"画数学"画出的新视界

——北师大版五年级下册"找关系"课堂教学案例

2011年4月10日，我应邀到福建省大田县执教了五年级下册"分数混合运算（二）"这一研究课。"分数混合运算（二）"包含两个方面的内容：一是解决"一个数比另一个数多（少）几分之几，求这个数"的问题，二是整数运算定律在分数混合运算中的运用。鱼和熊掌不可兼得，要有所为有所不为。我把本节课的重点目标定位在解决问题上，而重点目标之重是理解"多（少）几分之几"，也就是两个数量之间的关系。因此，我把课题通俗化地定为"找关系"。

"一个数比另一个数多（少）几分之几，知道其中一个数，求另一个数"这一问题，在小学阶段是最难理解的内容之一，找准两个量之间的关系成为本节课的关键所在。那么，如何引导学生找关系呢？学生解决问题的最好策略是什么呢？我不断地追问。

让学生画题，打开文字、符号与图形语言的通道，让那些显得刻板的文字或符号变成鲜活的图形，从直观到抽象，从抽象到直观，让形象思维与抽象思维和谐共舞，学生应该会学得更轻松快乐。因此，我把"画数学"的策略思想贯穿始终。

对于此类问题，学生"难"在哪儿？学生会怎么想，又会怎么做呢？对此做好充分的预设，是提高课堂效率的前提条件。在中低年级的教学中，学生做了大量的诸如"已知 a，b 比 a 多 c，求 b"的题，"多 c 就加 c"的思维定势无疑会干扰"多几分之几"的关系理解。那么，要达到上述目标，就得充分暴露学生的问题，设计一些让学生出错的教学环节。因为人变聪明往往是从出错开始的。在学习过程中，学生暴露错误，进而找到出错的原因，最后不会出错，就变得聪明了。出错是学生的权利，帮助学生不再犯同样的差错是教师的义务，课堂因差错而有价值，有生命力。

有了这样的认识和针对性强的目标定位，我的教学思路也清晰了。

首先，从画"车店第一天成交量是 65 辆，第二天成交量比第一天增加 13 辆"开始，一是体验线段图、统计图的简洁，二是围绕"如何画准增加的 13 辆"讨论，为突破难点搭好脚手架。

其次，将"增加 13 辆"改为"增加 $\frac{1}{5}$"，相机暴露"增加 $\frac{1}{5}$"就是用"$65 + \frac{1}{5} = 65\frac{1}{5}$（辆）"的错误理解，引发争论，激发学生的求知欲，进而让学生带着问题自学。解决问题有多种方法，"为什么不同的算式，结果都一样呢"，让学生明白这里面隐藏着乘法的运算定律。

再次，这道变式题的作用有两点：一是检查学生对新知的掌握情况并巩固新知；二是通过变式对比，进一步理清同样的分数中"率"与"量"的实际意义，这是最容易出错的地方。

最后，看图找关系，可以用不同的表达方式，表达方式不同，但两个数量间的关系没有变，只要知道其中的一个量，就可以求出另一个量，有时可以用方程求解。目的是将新旧知识重组，建立联系，融会贯通，为下一个内容的学习埋下伏笔。

关于课堂总结，我不太喜欢用"你学会了什么"、"你有什么收获"等问题谈学习心得，而是用"千金难买回头看"这句改编的名言启发学生"回头看"，我们用什么方法理解、要注意什么，让学生有一个清晰的思路、一个学习策略的反思，这才是学生可持续发展最为重要的。

大田实验小学的学生对我来说是一个抽象体，有一个问题始终在我的脑海里萦绕。虽然交代过组织者不要提前布置学生自学，但如果任教的班级真的布置了学生提前自学，按原定计划实施课堂教学的后果也就可想而知。于是，我赶紧找来任教班级的老师了解，果不其然，学生已经自学了今天我要讲的内容，我只好临时改变了"课堂上学"的教学策略。

那么，课前先学了，课堂上该教什么和怎么教呢？该怎样融入"画数学"的体验呢？以下是教学过程。

一、暴露问题，相机引导

只有先了解学生，课堂教学才有针对性；有了教与学的针对性，才能谈课堂教学的有效性。于是我把学生推到前台，这样"逼"着学生暴露自学中出现的问题。

（课前临时把课题与例题都抄在黑板上：车店第一天成交量是 65 辆，第二天成交量比第一天增加 $\frac{1}{5}$。第二天成交多少辆？）

师：这节课的学习内容是什么？
生：找关系。
师：那咱们现在就开始找关系。老师站在这儿，我们就建立了一种什么关系？
生：师生关系。
师：说得好！这节课你们是老师，我是学生。黑板上的这道题，昨天已经学过了，谁来当老师？

（一个学生走上讲台，有模有样地开始讲解：我是这样想的……你们有什么补充？还有什么问题？看得出来，原任老师对班级学生汇报与互动做了长期的培养与训练。但这个学生对于"增加 $\frac{1}{5}$"还不太确定，这是我课前预料到的）

师：如果第二天比第一天增加 5 辆，就用 65 加上 5，等于 70 辆，增加 $\frac{1}{5}$，不就是用 65 加上 $\frac{1}{5}$，等于 65 $\frac{1}{5}$ 辆吗？

生：不对，不对！这个 $\frac{1}{5}$ 不是 $\frac{1}{5}$ 辆。

生：哪有 $\frac{1}{5}$ 辆车之说？

师：那是多少辆？

（有些同学答不上来，有些同学认为是 65 辆的 $\frac{1}{5}$，是 13 辆）

师：（我引用苏霍姆林斯基的话来提醒学生）伟大的教育家苏霍姆林斯基

说："如果哪个孩子学会了画应用题，我就可以有把握地说，他一定能学会解应用题。"把这道题画出来就清楚了。

（以前接触过线段图，大部分同学画的是线段图，我请一个同学把线段图画在黑板上，他把"增加的$\frac{1}{5}$"画得长了些）

师：这位同学画得怎么样？

生：太长了。

（我故意将增加的部分改得很短）

生：太短了。

师：这"增加的$\frac{1}{5}$"到底要画多长呢？

生：先把第一天的平均分成 5 份，第二天增加的就是第一天的$\frac{1}{5}$。

师：为什么是第一天的$\frac{1}{5}$呢？

生：第二天与第一天比，以第一天为标准，增加的$\frac{1}{5}$就是第一天的$\frac{1}{5}$。

师：现在知道怎么列式了吧？

[学生列出了两种式子：$65+65\times\frac{1}{5}$，$65\times（1+\frac{1}{5}）$]

师：为什么两个算式不一样，而结果一样呢？这里面隐藏着什么规律？

生：乘法分配律。

师：对！乘法分配律在分数运算中同样可以用。

二、先画后做，变中求真

师：刚才我们通过"画"找到了第一天的成交量与第二天的成交量的关系，从而找到了解决问题的办法。下面这道题你再试试用这种办法先画后做解题。

（出示：煤厂第一次运出煤 24 吨，第二次运出的比第一次运出的少$\frac{1}{4}$，第二次运出多少吨？同学们开始画图，我没有发现同学们解决这道题存在什么困难，说明前一阶段花的时间很值，"夹生饭"已经成了"熟饭"。同学汇报完后，我又出示了第二道题：煤厂第一次运出煤 24 吨，第二次运出的比第一次运出的少$\frac{1}{4}$吨，第二次运出多少吨？同学们一看，不由自主地惊呼起来。）

生：题目一样。

生：不一样，不一样，是 $\frac{1}{4}$ 吨。

师：那该怎么做呢？

生：直接用 24 减去 $\frac{1}{4}$ 等于 $23\frac{3}{4}$ 吨。

师：为什么可以直接减？

生：刚才的 $\frac{1}{4}$ 是 24 吨的 $\frac{1}{4}$，也就是 6 吨，这个 $\frac{1}{4}$ 吨是 1 吨的 $\frac{1}{4}$。

师：请大家把它画出来，$\frac{1}{4}$ 吨到底有多少？

（通过两个图的比较，同学们对 $\frac{1}{4}$ 和 $\frac{1}{4}$ 吨的理解就水到渠成了）

师：是啊！一字之差，两者之间的关系就发生了很大的变化。

三、读懂图形，重组知识

师：由此看来，解决问题最重要的是要找准两个数量的关系，这里有个线段图，同桌之间说一说它们之间的关系。

（出示线段图）

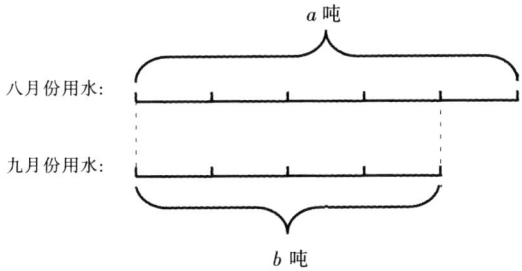

（汇报时，有位学生说"八月份用水量比九月份多八月份的 $\frac{1}{5}$"，同学们听得一头雾水）

师：人的脑袋怎样才会变得越来越聪明，就是从清醒到晕再到不晕，等你不晕了，你就变聪明了。

（课堂上发出一阵笑声）

生：先要找到标准量，也就是九月份的用水量。

师：越来越清醒了！

生：九月份是4等份，八月份比九月份多的是其中的一份，因此比九月份多$\frac{1}{4}$。

师：变聪明了。其实刚才那位同学也没说错，就是拐的弯多，把大家转晕了。

生：九月份用水量是八月份的$\frac{4}{5}$。

师：如果用算式表示呢？

生：$b=a\times\frac{4}{5}$。

师：还可以怎么说？

生：八月份用水量是九月份的$\frac{5}{4}$，$a=b\times\frac{5}{4}$。

生：九月份比八月份少$\frac{1}{5}$，$b=a\times(1-\frac{1}{5})$。

生：八月份比九月份多$\frac{1}{4}$，$a=b\times(1+\frac{1}{4})$。

师：比较一下，九月份与八月份比的两个关系句，有什么发现？

生：九月份是八月份的$\frac{4}{5}$，就是比八月份少$\frac{1}{5}$，意思一样。

师：八月份与九月份比的两句呢？

生：意思也一样。

师：其实，这四个句子表示的两个月用水量的关系都是不变的。如果告诉我们八月份用水量是20吨，九月份用水量怎么求？

生：把上面关系式中的a改为20。

师：第一、三个直接算，而第二、四个关系式是方程，会解方程吗？试一试。

生：都等于16吨。

师：为什么答案都一样？

生：因为关系一样。

师：真聪明！万变不离其宗，这个"宗"找到了，就能以不变应万变了。

四、课堂总结，提炼方法

师：古人云："千金难买——"

生：寸光阴。

师：在我们的学习过程中，千金难买回头看！回过头来看一看，我们是怎样找关系的？

生：用画，把问题画出来。

师：这是一种很好的办法！还有呢？

生：找准关系后，列出算式。

师：还有呢？

生：计算结果。

师：还有呢？

生：答。

师：其实，我们还用了一个好方法——比较。通过比较，知道"$\frac{1}{4}$"与"$\frac{1}{4}$吨"的不同意义，通过比较，知道事物之间的相同点和不同点，这样，才能做到"以不变应万变"。

9. 良好的开端 成功的一半

刘 松

许多老师都有过借班上课的经历，面对一批陌生的孩子，如何在课前短短的几分钟之内拉近师生的距离，消除陌生感，使学生很快融入课堂，是我们不可回避的问题。即使不借班上课，自己面对平时的课堂，如何让学生尽快、自然且积极地投入学习，也是我们每位老师都要考虑的问题。关于课前的导入活动，有专家概括了三种不同的境界：一是为了活动而活动，仅仅是活动了或者说还不如不活动。这是我们应该摒弃的。二是活动能有效放松学生课前的紧张情绪、消除陌生感、集中注意力等，但仅此而已。这也不是我们应当追求的。三是活动不仅能有效放松学生课前的紧张情绪、消除陌生感、集中注意力等，还能与教学内容有机结合，为课内的教学有效服务。这是我们应该努力而为的。第三种境界是课前导入活动的理想境界，需要我们结合教学内容的特点，精心设计，巧妙连通。现列举我自己教学实践中的若干真实案例，以求批评指正。

一、游戏活动——说反话

教学内容：简单的二人对策论问题——抢18游戏。

两人按自然数顺序轮流报数，每人每次只能报1或2个数。比如第一个人可以报1，第二个人可以报2或2、3；第一个人也可以报1、2，第二个人可以报3或3、4。这样继续下去，谁报到30，谁就胜，请问谁有必胜的策略？

这个游戏主要是为了活跃气氛，放松情绪，更主要的是要让学生感悟做游戏时，有时先说和后说效果截然不同，从而为本节课的主要探究活动做好铺垫。于是，我在上课前与学生这样谈话：

师：同学们喜欢做游戏吗？

生：（齐声说）喜欢。

师：好，今天我们就来做个游戏，这个游戏的名称叫"说反话"。比如，我说"我看天"，你就回答"我看地"，我说"我朝左"，你就回答"我朝右"。明白吗？

生：（觉得很简单，大声地回答）明白。

师：哪位同学愿意和老师来试试？

（很多同学举手，老师找了一位男同学，该同学起身拿起话筒）

师：可以开始了吗？

生：可以。（很自信地）

师：我看天。

生：我看地。（觉得太简单了）

师：我朝左。

生：我朝右。（感觉一点难度都没有，面露得意之色）

师：我张嘴。

生：我闭嘴。（很多学生在窃笑）

师：（故意提高声音，大声地说）我是男的。

（全班同学立刻大笑，该男生憋了半天，才很无奈地说了四个字）

生：我是女的。（全场笑声四起）

师：（同样笑着说）请坐，不能再说了，都变成女的了。（同时与该男生亲切握手）

师：（转向全体同学），谁愿意再来和老师比试比试？

（气氛开始活跃，举手的学生更多了。这次老师找了位女同学。）

师：可以开始了吗？

生：没问题。

师：我朝右。

生：我朝左。（满不在乎地）

师：我看地。

生：我看天。（窃喜，觉得很简单）

师：（声音加重）我越活越年轻。

（众生大笑，该女生很无奈，不好意思说，老师紧追："快说快说。"）

生：（没办法，只好说）我越活越衰老。

师：还有一句呢，我越长越漂亮。

（众生狂笑，该女生更不好意思说了，教师再次紧追）

生：（举手投降状，无奈地说出）我越长越丑陋。

（教师立刻走上前去，握住她的手说："那是不可能的，我们刚才仅仅是做了个游戏。"继而转向全体同学，提出问题。）

师：刚才同学们都笑了，可不能只笑。笑过以后要有思考。你们有没有发现，刚才的游戏在玩的过程中有一个人始终占着便宜，是谁呀？

生：（异口同声）老师。

师：对，由于刚才都是老师先说，按照这样的游戏规则，就很容易把你们逼到不好回答的境地，想不想变一下？

生：（一起大声地喊）想。

师：好！咱们刚才说过的不重复，谁来试试？

（此时，一些聪明又调皮的同学有了鬼主意，开始举手。我在好几个地方与学生玩过该游戏，每到一处，学生总能带给我许多惊喜和精彩，我真的很佩服他们。现摘录2008年3月29日在江苏省徐州市讲课时学生的绝妙表达）

生：（一鬼灵精男生张嘴道）我来自天堂。

（全场笑喷，我只好笑答）

师：你什么意思，想让我下地狱啊！

（怕他再说出什么，赶忙让其坐下，请了一位老实的女生，没想到，她一点也不肯嘴下留情）

小女生：（声音小小的）我很温柔。

（全场再次爆笑，我只好苦笑着回答）

师：看看你什么意思，我不就是长得粗鲁了点吗？有话就直说。

（女生坐下，最后请了一位小个子的男生，原指望他说的能让我喘口气，没想到他更"狠毒"）

小个子男生：我长寿无疆。

（有的听课老师眼泪都笑出来了，我也差点笑喷，假装生气地说）

师：你这个小鬼，什么意思，想让我英年早逝啊！行了，不说了，我到徐州来上一节课，连家都回不去了。（再次响起笑声）

（此时，学生已相当兴奋，完全没有了课前的紧张感觉，而我则趁热打铁，取消了上课、起立、坐下等常规的礼仪，立刻转入正题）

师：看来呀，在做游戏的时候，有时先说和后说结果会截然不同。我们再来玩个游戏，好吗？

生：（满脸兴奋地大声回答）好！

随即引入正题。

二、实话实说——请吃糖

教学内容：数学广角——找次品（人教版五年级下册第七单元，课本第134-135页）。

5瓶、9瓶、12瓶、27瓶、81瓶等木糖醇中有一瓶少了两三粒，重量就变得轻一些（称为次品），用天平称来称，至少称几次能保证找到？

这个游戏主要是为了活跃气氛，拉近与学生的感情，更主要的是为了引入"次品"的概念。于是，我在上课前与学生这样谈话：

师：同学们仔细看一看老师，能用几句简短的话描述一下老师的特点吗？

生：老师中等身材，头发很平。

生：老师的脸很方，眼睛很小。

……

（教师用鼓励的目光激励学生发言，随便学生怎么说。不管学生说什么，老师都表扬同时表示感谢，以激起其他学生想说话的欲望。待三四个学生发言后，老师话锋一转，提出第二个问题。）

师：同学们非常善于观察，这么短的时间就发现了老师这么多的特点。既然你们如此聪明，请允许我请教第二个问题，你们必须实话实说，说实话的老师奖励吃糖。

（拿出一瓶真的木糖醇，此时学生都好奇地等着，看老师会出什么问题，或者看着老师手里的木糖醇，老师故意矜持了一会儿，再说出问题）

师：你觉得我和你们原来的数学老师相比，谁更像一位优秀的数学老师？

（对于学生而言，这是一个两难的问题。有说原来的老师的，有说现在的老师的，也有两边讨好的。老师对两个都选的同学逼其选其一，同时给选自己原来的老师的两个学生每人一粒糖吃。）

师：（笑着说）同学们不用说了，老师已经知道结果了，应该是你们原来的老师更优秀。（话锋一转）当某项事物不够好时，我们可以称之为——（拖长音，表示疑问）

生：次品。

师：对，次品。（随即板书）

师：（很认真地说）从今天在座的这么多优秀教师中找出我这样的次品是很容易的，可有些时候，找次品就不那么容易了。刚才谁吃我的糖了，请给我站起来！

（吃糖的学生刚才还美滋滋的，现在要被迫站起来）

师：（继续假装生气地说）谁让你们吃糖的？（学生苦笑）瞧瞧你们，惹麻烦了吧。老师刚刚买了3瓶一样的木糖醇，其中一瓶就被你们"偷吃了"两粒，（出示3瓶一样的木糖醇），吃掉两粒的那一瓶自然就变成了——（拖长音，表示疑问）

生：次品。（很快接上）

师：对。那么，怎样才能很快地知道哪一瓶是次品呢？（示意吃糖的学生坐下）如果用天平来称，至少几次才能保证找到呢？

接下来，就可以自然地引入新课的教学。

三、走来走去——我在哪儿

教学内容：抽屉原理（人教版六年级下册）。

抽屉原理是大家非常熟悉的内容，虽然表述很简单，但它的高度抽象和概括性，对于小学生来说不是十分容易理解，所以人教版教材把它放在了小学阶段的最后一学期"数学广角"中呈现。但即使这样，要让每个学生都深刻理解抽屉原理所描述的"存在性"也并非易事。经过反复思索，我想出了这么一个办法：

师：同学们看见老师了吗？老师现在在哪儿？

生：前面。

师：（走到学生中间）老师现在在哪儿？

生：中间。

师：（走到学生后面）老师现在在哪儿？

生：后面。

师：（走到学生左边）老师现在在哪儿？

生：左边。

师：（走到学生右边）老师现在在哪儿？

生：右边。

（这时，学生一脸的狐疑，心想，这个老师走来走去干什么？）

师：老师不管是在你们的前面还是在你们的后面，或者在你们的中间及左右两边，老师是否都存在于这个教室里（或舞台上）？（顺手板书"存在"二字）

生：是。

师：（指着"存在"二字，大声地重复）老师不管是在你们的前面还是在你们的后面，或者在你们的中间及左右两边，老师都存在于这个教室里。在美丽的数学世界中，有一类奇妙的数学问题也跟"存在"有关，我们今天就一起来研究研究。

随之出示问题，进入正课学习。

不知以上做法是否达到了前面所说的第三种境界的要求。相信老师们都能结合教学的内容和自己的特点，在借班或日常上课时，想出更多更好的课题导入方法。

课堂智慧

自然地导入　巧妙地突破
——"认识时分"教学实录

"认识时分"作为小学数学量与计量部分的经典课例，有一个非常重要但又特别容易被忽视的环节，就是对"为什么1小时＝60分"的原因分析。钟面上分针和时针同时开始转动同时停止，经过的时间是一样的，是学生真正理解"1

小时＝60分"的基础。但二年级的小孩子往往受分针和时针转速的影响，认为两者所用的时间不一样。为了突破这个认知上的盲点，我在上课前有意安排了"同时开始同时停"的游戏活动，并创设了"龟兔赛跑"的情境，不仅让学生很快且自然地进入了学习，更为学生突破认知上的难点做好了充分的铺垫。以下为依据现行苏教版二年级上册教材相关内容讲课的实录。

一、游戏引入

1. 同时开始同时停

师：请问我们班数学成绩最好的女生是谁？请上台。体育成绩最好的男生是谁？也请上台。你们俩会走路吗？

生：会。

师：走两步瞧瞧！（学生随意走走）走得很不错！（面对男同学示范）你会像老师这样走路吗？（示范一摇一摆的企鹅式走路方式，该学生模仿，其他学生都被该学生的滑稽模仿逗笑了）

师：两位同学请站到一起，我们来个比赛，看谁先走到老师这里来。女同学走得越快越好，男同学必须按照我刚才教你的样子慢慢地走路，明白了吗？（面向其他学生）我们一起喊口令，让他们同时开始。

生：预备，开始！（学生开始比赛走路，两人拉开明显的一段距离后，教师喊停）

师：比赛结束了，他们谁走的路程长一些？谁走的路程短一些？（答案是明显的，学生一起回答。学生齐答后教师立即追问。）

师：他们走过的路程不同，所用的时间一样吗？

生：（大部分）不一样。

师：不一样吗？

生：（大部分）一样。

师：一样吗？

生：（大部分）不一样。

师：到底是一样还是不一样？（此时，所有听课教师都笑了）刚才有同学说用的时间一样，他们走过的路程不同，为什么用的时间一样呢？

生：因为他们是一起开始走的。

师：有没有同时停下？

生：同时停下了。

师：说得好！同时开始同时停，走过的路程有长有短，用的时间总是一样的。（请两个学生按刚才的走法再走一次，让所有学生体会时间相等）

2. 指挥"新龟兔赛跑"

师：同学们，听过龟兔赛跑的故事吗？

生：（异口同声）听过。

师：（饱含深情）小白兔失败后非常后悔，决心再也不骄傲了。有一天，它又碰到了老乌龟。（课件出示龟兔在 12 棵树围成的圆圈中相遇的画面）它们决定再进行一场比赛。我们一起喊口令，让它们同时开始，好不好？

生：（异口同声）好。

师：预备，开始！（课件播放龟兔从正上方的一棵树开始跑步的画面，兔子跑得很快，很快转了一圈又回到起点。而乌龟速度很慢，只跑到第一棵树那儿。由于课件制作得非常精美，加上配了动感悦耳的音乐，这个环节深深地吸引了在场的每一个人，尤其是喜欢看动画片的学生。）

师：比赛结束了。乌龟跑了多远？

生：只跑到第一棵树那儿。

师：也就是只跑了一个空当。（课件涂色显示从正上方的那棵树到第一棵树的距离，暗示钟面上 12 到 1 的一大格）小白兔呢？

生：一大圈。

师：一圈有多少个这样的空当？（稍停顿）我们一起来数一数。（课件一段一段地涂色显示 12 个空当）

生：（随着课件显示）1、2、3、4…11、12。

师：小白兔跑得真快呀！乌龟与小白兔跑过的路程不同，它们用的时间一样吗？

生：一样。（因为有了前面的铺垫，此时学生几乎是异口同声回答）

师：为什么呢？

生：因为它们是同时开始同时停的。

师：说得好！同时开始同时停，跑过的路程有长有短，但所用的时间是一样的。

师：同学们！这个龟兔赛跑的画面特别像我们生活中常见的一样东西，你们猜是什么呀？

生：钟！表！（课件播放龟兔尾巴拉长，幻化成时针和分针的画面。此时，一个逼真的钟面从刚才赛跑的场地中浮现出来。）

师：对！真聪明！我们今天就来继续研究有关时分的知识。（板书课题：认识时分）

二、探究体验

1. 认识钟面

（1）认识时针、分针

师：同学们请看，钟面上有几根针？（课件出示标准钟面，三根针用不同的颜色明显区分开来）

生：三根。

师：知道它们分别叫什么名字吗？谁来说说看？

生：最长的是秒针，最短的是时针，不长也不短的是分针。

师：这位同学说得很好！他是根据长短来辨认这三根针的。除了长短，还能根据什么来判断？

生：还可以根据粗细来判断。最粗的是时针，最细的是秒针，不粗不细的是分针。

师：说得好！根据粗细也可以判断。还可以根据什么来判断？

生：老师，您这个钟面上的针还可以根据颜色来判断。红色的是秒针，黄色的是时针，蓝色的是分针。

师：他真聪明！的确，有些钟面上的时针、分针和秒针可以根据颜色来直观地判断，比如老师出示的这个钟面。

师：除了长短、粗细、颜色，还可以怎么区分？（学生陷入沉思，过了一会儿有学生举手）

生：老师，还可以根据跑的速度快慢来区分。

师：（故意装傻）什么意思？

生：跑得最快的是秒针，跑得最慢的是时针，不快也不慢的是分针。

师：说得真好！看来，区分钟面上的三根针，我们可以从长短、粗细、快慢等不同的角度去判断！又短又粗、走得最慢的这根针是专门指示几时的，所以叫时针。（课件在时针旁显示"时针"两个字）不长也不短、不粗也不细、走得不快也不慢的这根针是专门指示几分的，所以叫分针。（课件在分针旁显示"分针"两个字）又细又长、走得最快的这根针是专门指示几秒的，所以叫秒针。（课件在秒针旁显示"秒针"两个字）有关秒的知识，我们以后再研究，好吗？

生：好！（点击课件，隐去秒针）

（2）认识 12 个数

师：钟面上除了三根针外，还有什么？

生：一些数字。

师：分别是哪些数？

生：1 到 12。

师：我们一起来数一数。

生：（齐声数）1、2、3、4、5、6、7、8、9、10、11、12。

师：钟面上一共有 12 个数，不是有 12 个数字。

（3）认识大格、小格

师：钟面上还有一些大格和小格，各有多少格呢？请拿出学具钟，先独立观察，然后同桌两人合作，把观察到的结果填在观察报告上。（观察报告事先发给学生，两人一张。学生观察后填写，教师巡视。）

（通过巡视，发现学生多出现以下四种结果）

观察报告	观察报告
钟面上一共有 （11）大格， 每大格里有 （4）小格， 钟面上一共有 （44）小格。	钟面上一共有 （12）大格， 每大格里有 （4）小格， 钟面上一共有 （48）小格。
观察报告	观察报告
钟面上一共有 （11）大格， 每大格里有 （5）小格， 钟面上一共有 （55）小格。	钟面上一共有 （12）大格， 每大格里有 （5）小格， 钟面上一共有 （60）小格。

师：谁来说一说你们观察研究的结果？（故意找错误的答案先说）

生：钟面上一共有 11 大格，每大格里有 4 小格，钟面上一共有 44 小格。

师：噢！这是你们观察到的结果。有不同意见吗？

生：钟面上一共有 11 大格，每大格里有 5 小格，钟面上一共有 55 小格。

师：噢！这是你们观察到的结果。还有不同意见吗？

生：钟面上一共有 12 大格，每大格里有 4 小格，钟面上一共有 48 小格。

师：噢！这是你们观察的结果。还有不同意见吗？

生：钟面上一共有 12 大格，每大格里有 5 小格，钟面上一共有 60 小格。

师：奇怪了！同样的钟面怎么可能有不一样的结果？到底谁说的是正确的呢？请看大屏幕！（课件播放怎样的一段是一大格，用颜色显示 12－1 的一大格）钟面上这样的一段叫一大格，一共有多少大格呢？我们一起来数一数。

生：1、2、3、4、5、6、7、8、9、10、11、12。（课件随着学生数数的节奏依次用颜色显示 1－2、2－3、3－4…共 12 大格。此情景与前面数小白兔一共跑了多少个空当基本相似，只不过这里没有小白兔，已变成纯数学情境。）

师：原来钟面上一共有 12 大格。每个大格里又有几个小格呢？请看！（课件特写钟面上 12－1 的一大格，慢慢变大，慢慢变大，直至清晰地看到中间的 4 个格点。然后用另一种颜色清晰地显示从 12 开始的第一小格。）钟面上这样的一小段叫做一小格。估计一下，应该有几个小格？

生：5 个小格。

师：为什么有人会认为是 4 小格？

生：可能是数成中间 4 个点了吧。

师：有道理！中间的确有 4 个点。但究竟应该有几小格呢？我们也一起数一数。（课件一小段一小段依次用颜色显示）

生：1、2、3、4、5。

师：原来一大格里有 5 小格，数 4 格的同学现在明白了吗？

生：明白了。

师：我们 5 格 5 格地数，钟面上一共有多少小格呢？（课件从 12－1 的一大格开始，依次 5 格 5 格显示小格）

生：5、10、15、20、25、30、35、40、45、50、55、60。

师：噢！钟面上原来一共有 60 小格。都清楚了吗？

生：清楚了

2. 认识时分

（1）认识分

师：钟面我们已经很清楚了。谁知道分针走一小格的时间是几分？（点击课件，暂时隐去时针，显示分针走一小格的图像，用鲜亮的颜色、粗线条标出分针针尖走过的痕迹）

生：1分。

师：对！分针走一小格的时间就是1分。那么，谁知道分针从12走到1是几分？（课件用鲜亮的颜色、粗线条标出分针针尖从12走到1的痕迹）

生：5分。

师：真聪明！分针从12走到1，走了5小格，当然是5分。那么，分针从1走到2是几分呢？（课件用鲜亮的颜色、粗线条标出分针针尖从1走到2的痕迹）

生：10分。

师：10分吗？

生：应该是5分。

师：很好！大家想想看，分针从1走到2，走了几小格呀？

生：5小格。

师：分针走1小格的时间是1分，走5小格的时间当然是5分了。说10分的同学，明白了吗？

生：明白了。

师：我们看分针的时候，可要仔细哦！一定要看清从哪里开始，走到了哪里。如果是10分的话，分针应该从哪里开始？

生：12。

师：对呀！分针从12走到2，走过了两个5小格，就是10分了！（课件用鲜亮的颜色、粗线条标出分针针尖从12走到2的痕迹）

师：请告诉我，分针从12起，继续往前走，走到了4，是多少分？（课件用鲜亮的颜色、粗线条连续标出分针针尖从12走到4的痕迹）

生：20分。

师：好极了！分针从12起，继续往前走，走到了9，是多少分？（课件用鲜亮的颜色、粗线条连续标出分针针尖从4走到9的痕迹）

生：45分。

师：请问你是怎么算的？

生：我是从12开始，5格5格数过来的，一共数了9次。

师：很不错！还有不同的方法吗？

生：老师，分针走到6那里是30分，再加3个5格，就是45分了。

师：好方法！他想到了从6那里过渡一下，真不错！还有不同的方法吗？

生：我是倒过来算的。一圈有 60 小格，还剩 15 个小格没走，60 减 15 就等于 45 分了。

师：这样想可以吗？

生：可以。

师：这个同学太聪明了！大家都想着从 12 开始顺着算，人家却与众不同，从 12 开始反过来算，也得出了正确的结果。真了不起！老师要与你握握手！（亲切地与该学生握手，学生非常开心地坐下）

师：同学们都很棒！一个小小的 45 分，同学们想出了这么多种办法，老师很佩服你们！请继续观察，分针从 12 起，现在走到了几？

生：11。（课件用鲜亮的颜色、粗线条连续标出分针针尖从 9 走到 11 的痕迹）

师：很好！现在是多少分？

生：55 分。

师：好极了！继续观察，大声地告诉我，现在是多少分？（课件用鲜亮的颜色、粗线条连续标出分针针尖从 11 走到 12 的痕迹）

生：60 分。

师：棒极了！分针走一小格是 1 分，走一圈就是 60 分。（板书：60 分）

（2）认识时

师："分"我们刚才研究过了。请看，现在时针指着几？（点击课件，淡蓝色的分针慢慢隐去，深褐色的时针浮现出来，正对着 12）

生：指着 12。

师：走到了几？（点击课件，时针慢慢从 12 走到 1）

生：走到了 1。

师：经过几小时？

生：1 小时。

师：时针现在指着几？

生：指着 1。

师：又走到了几？（点击课件，时针慢慢从 1 走到 2）

生：走到了 2。

师：经过了几小时？

生：（少部分）2 小时。

师：大家同意吗？

生：不同意！也是1小时。

师：为什么？

生：因为时针是从1走到2，不是从12走到2的。

师：说得好！时针从12走到1是1小时，从1走到2也是1小时。如果是2小时，应该从哪里算起？

生：12。

师：对了！认为是2小时的同学，现在清楚了吗？

生：清楚了。

师：时针从12走到1是1小时，从1走到2也是1小时。谁还能说说，时针从哪儿走到哪儿也是1小时？

生：从2走到3。

师：请说完整的话！

生：时针从2走到3，经过的时间也是1小时。

师：很好！还有呢？

生：时针从3走到4。

师：还有呢？

生：从4走到5。

师：还有呢？（学生马上明白了教师的意思，一口气说完了所有的可能）

师：真棒！时针不管是从12走到1，还是从1走到2，还是从2走到3……还是从11走到12，都是走了1大格。时针走1大格的时间就是1小时。（教师在"60分"前板书"1小时"）

3. 感悟时分的关系

师：同学们，生活中钟表上的时针和分针不像我们刚才那样分开，而是在同一个钟面上同时同向转动。（点击课件，淡蓝色的分针浮现出来，和时针一起正指着12）

师：请注意观察，你发现了什么？（课件播放分针和时针同时从12起开始转动的画面，分别用不同色彩的透明粗线条描出分针和时针的针尖留下的痕迹。分针转了1圈，同时时针只走了1大格。所配音乐与前面播放龟兔赛跑画面时的一模一样。学生看到这个似曾相识的画面，都被深深地吸引了。）

生：我发现分针走了1圈，时针只走1大格。

师：都发现了吗？

生：都发现了。

师：分针走1圈是多少分？

生：60分。

师：时针走1大格是几小时？

生：1小时。

师：那你们说说，1小时和60分是什么关系？

生：相等。（教师在"1小时"和"60分"之间板书"＝"）

师：为什么？（有了前面龟兔赛跑的铺垫，此时学生很容易答出）

生：因为它们是同时开始同时停的。

师：棒极了！同时开始同时停，时针和分针用的时间当然是一样的，所以1小时一定等于60分。

4. 体验1分钟的长短

（1）静态体会

师：通过观察，同学们自己发现了1小时＝60分。现在我们来体会1分钟究竟有多长，请静静地听音乐。（点击播放课件：课件以黄山日出为背景，在图片左上角画一个圆。当悠扬的萨克斯乐曲《回家》的音乐响起时，圆中的1条半径从正上方开始，沿顺时针方向一点点扫过圆面，扫过处留下红色的扇形。1分钟结束时，刚好扫过整个圆面。恰似一轮红日当空，又与秒针转钟面一圈极其相似。此时，精美的课件、动听的音乐紧紧地吸引住了现场的每一个人，每个人都全神贯注地陶醉在这唯美的画面和悦耳的音乐中。1分钟后，音乐悄然结束，跳出"1分钟结束"的字样）

师：音乐怎么停了？

生：（似乎还没听够）1分钟到了。

师：对！1分钟结束了。抓紧1分钟，人们可以做许多事情。同学们估计一下，1分钟，你可以做哪些事情？（学生纷纷举手，教师请三个学生说说，只是肯定，不过多评价）

生：1分钟我可以吃一碗饭。

师：哦？那是多大的碗呀？谢谢！请坐！谁还想说？

生：1分钟我可以写完作业。

师：真羡慕你！作业负担真轻。谢谢！请坐！谁还想说？

生：1分钟我可以帮妈妈拖好地。

师：嗯！真是一个爱劳动的好孩子。谢谢！请坐！谁还想说？

生：1分钟我能跑一圈步。

师：哦？跑得还蛮快！是多大的圈呀？好了，不说了。现在咱们一起来试验一下。

（2）动态体验

师：老师准备了两个皮球，请两个同学上讲台来拍球，再请两个同学分别计数。下面的同学请写我事先发的口算纸，看谁拍得多，请写下来，好吗？

生：好！（请4个学生上台，分别准备拍球和计数）

师：准备好了吗？

生：准备好了。

师：各就各位！预备，开始！（课件播放动感音乐，同时在大屏幕空白背景处出示一个大大的圆，口令开始后，圆中的1条半径从正上方开始，沿顺时针方向一点点动态地扫过圆面，扫过处留下红色的扇形。1分钟结束时，刚好扫过整个圆面。此时，学生各忙各的。拍球的学生因控制不住球而忙乱不堪。个别学生只顾盯着拍球的学生，却忘记了做口算题。教师并不去提醒。）

师：（音乐一停，立刻示意）停！时间到！（学生纷纷停下）

师：老师来现场采访！请问这位同学，你拍了多少下皮球？

生：54下。

师：很不错！

师：请问你拍了多少下皮球？

生：78下。

师：好厉害！谢谢4个同学！请回座位！（转向台下的学生）请问你写了多少道口算题？

生：18题。

师：很好！（转向另一个学生）请问你写了多少道口算题？

生：21题。

师：好厉害！（再转向另一个学生）请问你写了多少道口算题？

生：16题。

师：也不错。由于时间关系，就不一一汇报了。老师注意到，刚才比赛的时候，下面有个别同学只顾着看台上的同学拍球，自己的口算题却 1 道也没做。对他而言，这 1 分钟就白白地——

生：浪费了。

师：（语气沉重地）是啊！什么也不做，时间就白白浪费了！（转换语调）1 分钟我们感受过了，1 小时有多长呢？

5. 体会 1 小时的长短

[课件出示填空：1 节课（　　）分钟，课间休息（　　）分钟，再加上（　　）分钟就是 1 小时]

师：1 节课是多少分钟？

生：40 分钟。

师：对！（课件显示 40）在这 40 分钟里我们可以学到很多很多知识。课间休息是几分钟？

生：10 分钟。

师：对！（课件显示 10）在这 10 分钟里我们可以做一些有趣的游戏。算一算，再加上几分钟就是 1 小时？

生：10 分钟。

师：非常正确！（课件再显示 10）1 节课加 2 个课间休息的时间就是 1 小时。1 小时要比 1 分钟长得多。

（以上内容与人教版的旧教材完全一致，从下面开始，略有差异。人教版旧教材中是转入认识几时几分，而新教材是安排另做 1 课时，在此转入强化练习 1 分钟时间观念的建构。）

三、强化练习

1. 猜猜几分钟

师：课上到这里，老师都有点累了！谁能上来给大家唱首歌，让大家轻松轻松？（邀请一位学生上台大声唱歌，引导全班学生一起合着节拍打节奏。学生开唱和结束时，教师偷偷记下时间。）

师：谢谢你！唱得真好听！老师有个问题请教大家，刚才这位同学唱歌一共唱了多长时间？请猜一猜。

生：10 分钟。

生：8分钟。

生：1分钟。

生：6分钟。

……

师：好了！不猜了。老师公布正确答案。刚才那位同学唱歌大约用时3分钟。我们没有一个同学猜得准确。没关系，下面我们做个专项练习。

2. 比比谁的感觉准

师：请各位同学趴在课桌上，闭上眼睛。我喊开始，你就默默地开始计时，你估计到了1分钟，就请睁开眼睛站起来；你觉得时间不到，就趴着别动。我们比比谁的感觉最准确，明白了吗？

生：明白了！

师：请趴好！开始！（课件播放只有一根针从12开始转动的情景，其实就是秒针走1圈，时间设定好，刚好1分钟。很快，就有个别学生站起来。）

师：哇！早啊！（该生见只有他一个人站起来，马上趴下继续等待。大部分学生在1分钟前站起来，也有部分学生1分钟过去好一会儿还是趴着不动）

师：（调侃）喂！起床，起床，时间到了。

师：这一次绝大部分同学把握得不准，再来一次好吗？

生：好！

（指挥学生再来一次，早早站起和迟迟不起的学生明显少了。个别学生把握得非常准确，几乎是卡着时间站起来，教师亲切地与其握手）

师：你真厉害！怎么感觉得这么准？有什么好经验，给大家介绍介绍？

生：（笑着）我是偷偷数数的。

师：好办法。怎么数？

生：从1数到了60。

师：好极了！我们大家按照他的办法再来试试。（这一次，大部分学生都把握得差不多了）

3. 再来猜一猜

师：请听一首熟悉的乐曲，从开始到结束，大约有多长时间？（课件播放《义勇军进行曲》，这是学生们熟悉的国歌。很多学生听到后，立刻站起来敬礼，教师示意其他学生也站起来。国歌连续播放两遍。）

师：请问两遍国歌的时间是比 1 分钟长、比 1 分钟短还是刚好 1 分钟？

生：比 1 分钟长。

生：比 1 分钟短。

生：正好 1 分钟。

生：比 1 分钟长。

……

（教师快速地询问五六个学生，认为比 1 分钟长的学生较多）

师：老师来公布正确答案。两遍国歌的时间比 1 分钟长，但还不到 2 分钟。（估计对了的学生欢呼雀跃）

师：两遍国歌的时间比 1 分钟长，不到 2 分钟，如果只播放一遍，时间是比 1 分钟长、比 1 分钟短还是刚好 1 分钟呢？

生：比 1 分钟短。

生：比 1 分钟短。

……

师：两遍国歌的时间比 1 分钟长，不到 2 分钟，一遍国歌的时间自然是比 1 分钟要短。具体是多长时间呢？这就需要以更小的时间单位来表达，我们以后会学到。（马上有个别学生喊起来："是秒！是秒！"教师笑着走过去与其握手，夸其聪明，但不作过多的说明和评价。其实，播放一遍国歌的时间大约为 48 秒。）

师：谢谢同学们陪伴老师度过了愉快的 40 分钟！这节课就到这里了，再见！

10． 复习课可以这样上

李惠珍

孔子说的"温故而知新"，可以理解为将复习视为获得新知的又一次学习，那么，该怎样带着学生在复习中获得新知呢？我认为，除了复习的组织要有新意、有新的乐趣外，还要在原有知识的基础上寻找新的切入点，变换角度和程序，尽量在课堂伊始就能吸引住学生，抓住学生的注意力，启动学生的数学思考。有效的数学复习课应该是以学生为主体的，通过学生的自主探究、合作交流，不仅能让学生巩固已学知识、查漏补缺，整体把握知识脉络，还可以提高学生应用数学知识解决实际问题的能力，培养学生更好的数学思维品质。

一、以知识点为基础，以问题为核心，进行有效的梳理和建构

以问题为线索，让学生通过对问题的思考，挖掘和沟通知识点之间的内在联系，学会用联系、发展的观点研究数学问题，促进知识的同化和迁移，从而建构新的、良好的认知结构。一个单元结束后，引导学生对这一单元的知识进行交流梳理。例如，多边形面积计算这一单元教学后，可以引导学生带着以下几个问题进行反思：

（1）本单元学习了哪几种多边形？这些多边形的面积应该怎样计算？请同学们回忆一下这些公式是怎样推导出来的，也可以动手操作。

（2）运用课件演示多边形面积的推导过程，再现表象，加深理解。

1）多边形面积公式是采用什么方法推导出来的？（采用剪拼、合拼的方法把未知转化成已知）。

2）比较多边形面积计算的相同点和不同点。

①相同点：三角形和梯形的面积公式要除以 2。

②不同点：三个图形的面积计算公式都与 a、h 有关，那么它们三者一定有联系，如下图所整理，梯形、平行四边形、三角形之间的联系，请看课件演示。

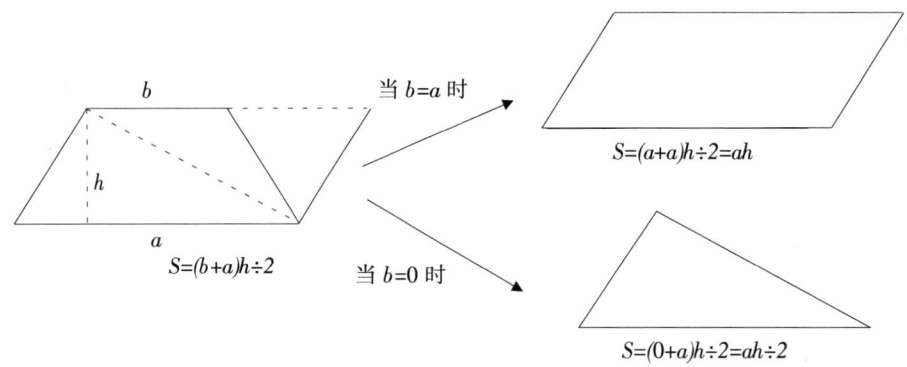

当梯形的上底 b 等于下底 a 时，梯形就变成了平行四边形；当梯形的上底 b 等于 0 时，梯形就变成了三角形。回忆表象、动手操作、课件的演示等，都有利于帮助学生清晰地认识这些平面图形的变化过程、计算公式的推导转化过程、图形和公式之间的内在联系，有利于使学生更好地理解公式和应用公式，进一步加深对这些图形计算方法的理解，从而增强空间观念。

二、创设有效的操作活动情境，由此及彼进行内在的联通

创设有效的操作活动情境，可以让学生在操作活动的过程中体会"点、线、面、体"之间的关系，深刻理解知识的发生发展演变过程，使学生知其然更知其所以然。当然，这里所说的情境不一定必须是生活的情境，也可以是纯数学化的活动情境。例如，教师可以出示一个点，由众多的点引出线，按照点——线——面——体的线索，把知识串联沟通，让学生在操作活动中体会到"点动成线，线动成面，面动成体"这样一种动态生成的关系。

关于从"点"到"面"的活动：

（1）点一点。按一定的顺序点出许多点，你看到了什么？

（2）画一画。按一定的顺序排列着画出许多横线，你看到了什么？

（3）想一想。许多张长方形、正方形的纸叠起来会形成什么？

（学生操作后汇报，课件播放）

点 ———————— 线 ———————— 面 ———————— 体

由平面图形到立体图形，是学生空间观念的一次发展和飞跃。本设计通过"点一点"、"画一画"、"想一想"等探究性活动，使学生亲历和感受二维与三维图形的相互转换过程。在操作过程中通过自主探索进一步掌握图形性质，在由"点"到"面"、由"面"再到"体"的变化中，使学生清晰地看到几何知识的形成和发展过程，沟通了它们之间的内在联系，并从中积累了数学活动的经验，发展了空间观念和推理能力。这样的设计将抽象的、呈现方式单一的教学内容变得生动有趣、充满想象，更有利于激发学生复习知识的积极性，提高复习课的效益。其实质就是将知识条理化、系统化的思维过程。

三、设计科学、典型的习题，进行有效的思维训练

美国著名数学教育家波利亚说："一个专心的、认真备课的教师能够拿出一个有意义的但又不复杂的题目，去帮助学生挖掘问题的各个方面，使得通过这道题，就好像通过一道门户，把学生引入一个完整的理论领域。"在复习时应科学地安排典型例题或练习题，通过典型题的探索提高学生解决问题的能力。例如，针对易混易错的内容，设计多种概念混合在一起的判断题，如下：

选择正确答案的序号填在括号里。

(1)侧面积　(2)底面积　(3)体积　(4)容积　(5)表面积

①求一只铁皮桶能装水多少升是求水桶的（　　）。

②做一只油桶需要多少铁皮是求油桶的（　　）。

③这只油桶占地多少，是求油桶的（　　）。

④求一个圆柱形钢条的重量，应先求它的（　　）。

⑤冬天护林工人给圆柱形的树干的下端涂防蛀涂料，那么粉刷树干的面积是指（　　）。

在作出选择之前，学生必须对已经学过的易混概念进行认真的分析、比较、筛选，最后才能作出正确的判断，做题思考的过程使学生的思维得到训练。

还可以设计一题多解的开放题，训练学生的思维，提高学生运用知识解决实际问题的能力。例如："一个广场前的花坛是由一个正方形和两个等腰三角形拼成的梯形，已知正方形的边长是 5 米，求这个梯形花坛的面积。"对于这一题，学生想到了很多方法来解答：（1）可以运用梯形的面积公式来解决，梯形的上底是 5 米、下底是 15 米、高是 5 米；（2）可以将这个梯形转化成 2 个边长是 5 米的正方形求面积；（3）可以转化成长是 10 米、宽是 5 米的长方形求面积；（4）可以转化成底是 10 米、高是 5 米的平行四边形求面积；（5）可以转化成 4 个底是 5 米、高是 5 米的等腰直角三角形求面积；（6）还可以转化成 1 个底是 10 米、高是 10 米的三角形来求面积。在解答这一组合图形面积的过程中，可以综合运用所有多边形面积的计算公式，既训练了学生的思维，又提高了学生综合解决问题的能力。

课堂智慧

让复习课绽放新风采

——北师大六年级"立体图形的复习"教学案例

立体图形这部分知识的基本概念较多，而且易混易错。传统教材又忽略了让学生亲历平面图形与空间几何体转换的动态发展过程，学生的空间观念难以形成，运用这部分知识解决实际问题的能力还有待进一步培养。本课从学生学习实际出发，通过叠、转、圈、围等实践活动，让学生复习梳理知识、运用知识，强化学生的探究经历，促进学生对知识的自主建构。

一、创设情境，动手实践

通过创设情境，动手实践，体验平面图形与立体几何体的动态发展过程，发展学生的空间观念。

1. 创设情境，引发想象

将多张长方形、正方形的纸叠起来会形成什么形体？

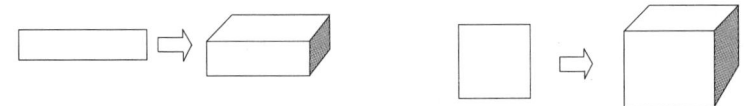

师：同学们请看，这是一个长方形，如果把许多这样的长方形或正方形重叠起来，大家想象一下，可能形成什么图形？

生：（想象，回答）长方体。（课件缓慢播放由长方形纸张叠成一个长方体）

师：这张长方形的纸张，如果绕着它的一条边旋转一周，也就是旋转360°，想象一下，会是什么图形？

生：圆柱体。

2. 动手实践，亲历图形的转化形成过程

师：现在，请同学们用你们课桌上的数学书或本子当成长方形的纸转一转，看你能转出几种不同形状的圆柱体。

（学生动手操作）

师：边转边说，你们转成的圆柱体的底面半径和高分别是长方形的哪一条边？

师：活动完的同学请坐好，请一个同学跟大家分享一下，彬彬同学，你来说说。

生：我是这样转的，转成的是一个……（边说边演示）

师：你是以哪条边为轴？

生：我是以长方形的长边为轴，转出来的是一个直圆柱。

师：你转出来的直圆柱的底面半径和高分别是长方形的哪一条边？

生：圆柱的底面半径是长方形的宽，圆柱的高是长方形的长。

师：同学们，你们是不是也是这样转的？

生：如果……

师：还想说，是吗？

生：如果是以长方形的宽为轴，旋转360°，也可以得到一个圆柱体。

师：这个圆柱体和刚才的那个相比较有什么不同？

生：比较矮，比较胖。

师：你能说一说这个圆柱体的底面半径和高是长方形的哪一条边吗？

生：这个圆柱体的底面半径是长方形的长，高是长方形的宽。

师：你们同意他的意见吗？谢谢！

师：同学们还有其他的发现和意见吗？

生：我有，我是这样转的。

师：请上来展示。

生：我以这条线为轴……

师：同学们，这条线是长方形的什么？

生：是以长方形长边的对称轴为轴，这样转。

师：你能说说你转成的圆柱体的底面半径和高分别是长方形的什么吗？

生：我转的圆柱体的底面半径是长方形的宽边的一半，高是长方形的长。

生：我还有，我是这样转的，以长方形的宽的对称轴为轴。

师：很好，你也上来展示一下并跟大家说说。

生：我转成的圆柱体的底面半径是长方形的长边的一半，高是长方形的宽。

师：同学们请看大屏幕。（课件出示长方形旋转后形成的圆柱体）

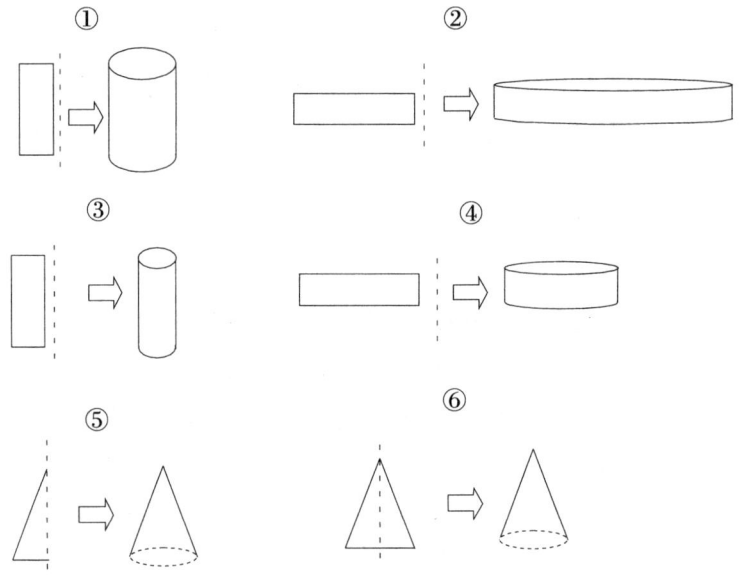

（验证同学们的操作、观察、思考的结果）

师：请同学们注意看，这是一个什么图形？

生：（异口同声）圆锥体。

师：同学们想象一下，它是由什么图形旋转而成的？

生：三角形。

师：是不是所有的三角形通过旋转都能得到圆锥体呢？

生：（思考片刻）不是的，应该是直角三角形。

（教师出示课件验证）

师：谁能说说圆锥的底面半径和高是三角形的哪些边？

生：圆锥的底面半径和高分别是三角形的两条直角边。

师：说得很对。

生：老师，我觉得等腰三角形也可以转出圆锥体。

师：很好，以等腰三角形的对称轴为轴，旋转180°，也可以转出一个圆锥体。

师：你能来说一说吗？

生：圆锥的底面半径是等腰三角形底边的一半，高是等腰三角形底边上的高。

师：请同学们看屏幕，这是什么形体？

生：球体。

师：你们知道它是由什么平面图形旋转而得到的吗？

生：圆形。

师：是的，请看大屏幕。

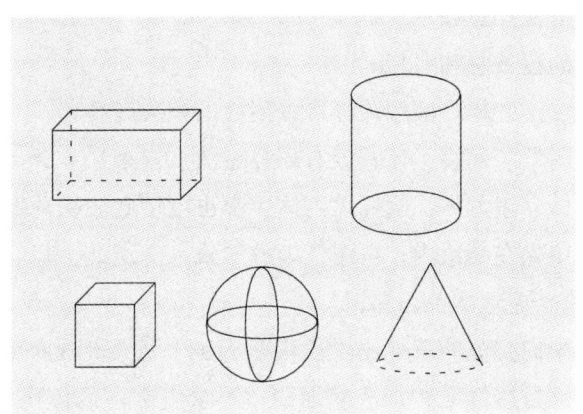

师：屏幕上的这些立体图形都是由平面图形转化而来的。这节课我们就一起来复习有关立体图形的知识，并解决一些实际问题。

二、回忆梳理，形成知识网络

1. 回忆整理主体图形的有关知识，总结表面积和体积的算法

师：请同学们回忆一下，我们都学习了哪些立体图形的知识？

（生思考）

师：我们学过的有关立体图形的知识还是挺多的，你们打算用怎样的形式来回答呢？

生：小组派代表、开火车。

师：这样吧，先用开火车的形式，但是，前面的同学回答过的问题，后面的同学不能重复。

生：正方体的体积＝棱长×棱长×棱长

字母公式是：$V＝a×a×a$

生：长方体的体积公式＝长×宽×高

字母公式是：$V＝abh$

生：圆柱的体积等于底面积乘以高。

生：圆柱的表面积等于侧面积加底面积乘以 2。

生：圆锥的体积等于底面积乘以高乘以 1/3。

生：长方体的表面积＝（$ab＋ah＋bh$）×2。

生：正方体的表面积＝ $6a×a$。

生：长方体的棱长总和＝（$a＋b＋h$）×4。

生：正方体的棱长总和＝$12a$。

生：长方体、正方体、圆柱体都可以用底面积乘以高。

师：对这个同学的回答，还有没有要补充的？谁来？

生：求长方体、正方体、圆柱体的体积都可以用底面积乘以高来计算。

师：下面采用先在小组内，再派代表的形式来交流。

（各小组交流、梳理本单元知识）

师：刚才同学们交流的就是小学阶段学习的立体图形的基础知识，要求圆柱体的表面积，就是用侧面积加上底面积，要求直圆柱的体积，就是用圆柱的底面积乘以高。

2. 回忆交流平时学习过程中积累的成功经验和失败教训

师：下面请同学们回忆一下，我们平时学习时有没有好的解决问题的方法或者在解决问题时遇到难题、容易出错的经验教训，拿出来和大家分享一下。

生：我求圆锥的体积时经常忘了乘以 1/3。

生：求无盖的水桶所用的材料时求一个盖加上一个底面积。

生：求粉刷房子的墙壁的面积时，要扣去门窗和地板。

师：实际是求 5 个面的面积再扣去门窗的面积。

生：求压路机压过的面积和求粉刷柱子的面积，都是只求侧面积，不能算成表面积。

生：不管是求圆柱的表面积还是体积，都要先确定它们的底面半径。

生：注意题目出现的单位是否对应。

师：就是要认真审题。在解决有关主体图形时要注意以下三点：①题目告诉你是什么形体，②求什么，③单位是否统一、对应。

师：刚才同学们热烈交流了平时在解决问题过程中易混易错的知识点。下面这几道判断题同学们认真看，并作出正确判断。

选择正确答案的序号填在括号里。

（1）侧面积　　（2）底面积　　（3）体积　　（4）容积　　（5）表面积

①求一只铁皮桶能装水多少升是求水桶的（　　）。

②做一只油桶需要多少铁皮是求油桶的（　　）。

③这只油桶占地多少，是求油桶的（　　）。

④求一个圆柱形钢条的重量，应先求它的（　　）。

⑤冬天护林工人给圆柱形的树干的下端涂防蛀涂料，那么粉刷树干的面积是指（　　）。

师：请同学们认真审题后逐题作出判断，老师发出口令时，同学们用手比出序号。

三、设计开放性练习发展学生的思维，让学生在解决问题的过程中提升运用知识的能力

一个农民收获 8 立方米的稻谷，他想用一块长 6.28 米、宽 1.57 米的长方形竹席，在院子里围一个简易粮囤装这些稻谷。请你帮他设计几种围法，怎样围才能装得下这些稻谷？

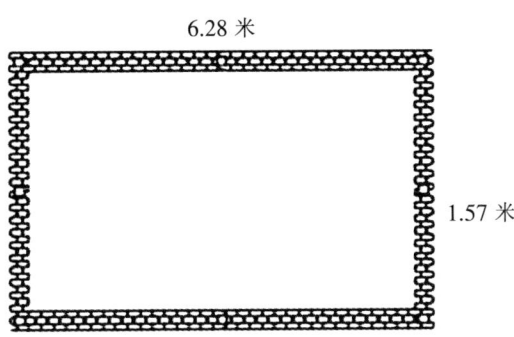

6.28 米

1.57 米

1. 审题。

2. 让学生选择适合自己的学习方法或独立研究或小组学习，小组合作学习应注意什么？（分工明确，讨论时不影响他人学习）

3. 合作探索，填写报告单。

小组合作探究报告单：

编　号	草　图	列式计算	备　注

4. 汇报交流。由小组派代表把报告放在实物投影仪上投放，学生汇报自己小组的研究方案，必须讲清楚解题的策略。

师：同学们，哪一组愿意汇报你们的研究思路？

生：我们组是以长方形的长边为圆柱的底面周长，直接围一个圆柱体。

生：我们组是靠着墙角围一个扇形。

生：我们组是靠着墙围一个半圆柱体。

生：我们组是以长方形的宽边为底面周长，围一个圆柱体。

师：还有其他想法吗？

生：我们是靠着墙角围一个正方体。

师：可以吗？要考虑所给的材料是竹席，围成正方体必定有直角，竹席会断，稻谷会漏出来的。

师：同学们，你们各组都有不同的思考，这样很好。现在请拿出计算器，在报告单上列出算式算一算。算完再上来展示。

11. 动态想象：培养学生空间观念中不可缺失的一个环节

钱金铎

　　2009 年，教育进展国际评估组织对全球 21 个国家进行的调查结果显示，中国孩子的计算能力排名世界第一，而想象力却排名倒数第一，创造力排名倒数第五。在中小学生中，认为自己有好奇心和想象力的只占 4.7%，而希望培养想象力和创造力的只占 14.9%。面对这一结果，一些教育家的结论似乎很熟悉——"中国孩子的创造力和想象力都被传统教育扼杀了"。且不说教材的编写和教学的形式确实存在一些问题，就在我们相当一部分小学数学教师的思维和教学行为中，要让学生千方百计地提高解题能力都是念念不忘的。所以，教师在日常教学中总会寻找各种训练题，叫学生练习解答。当然，在新课程标准提倡的教学理念和学习方式的影响下，努力做到先引导学生尝试练习、后教师讲解，先学生动手操作、再师生交流等，不能不说是一种明显的进步。但老师们往往忽视了"图形与几何"教学中的一个重要环节——如何让学生自觉地进行有效的动态想象。试想，在教学过程中，连让学生想的时间、想的空间和想的平台都没有，怎么能够增强学生的想象能力和空间观念呢？为此，我特提出在以下三个方面实施动态想象的有效性策略。

一、动态想象——要有明确的教学目标

　　《数学新课程标准》描述了空间观念主要表现在：能由实物的形状想象出几何图形，由几何图形想象出物体的形状，进行几何体与其三视图、展开图之间的转化。这是一个包括观察、想象、比较、综合、抽象的分析，不断地由低到高向前发展的认识客观事物的过程，是建立在对周围环境直接感知的基础上的，对空间与平面相互关系的理解和把握。然而，有些数学教师在"空间与图形"

的教学中，更多的是关注个体单独的图形概念，忽视了基本图形之间的联系与区别；关注图形静止状态下的知识教学，忽视了图形之间的转化过程的教学。即便这能让学生进行图形的动态想象，也是一些学生所谓的自主想象——用几个基本的几何图形拼成你自己喜欢的图形（或物体）。从表面上来看，也是让学生进行动态想象，但由于这个动手操作活动的目标是由学生随机而定的，可想而知，其数学思维的含量肯定会大大降低——只会停留在原来低级的思维层面上。下面的教学过程中，教师引导学生进行有目的的动态想象，不但能使学生对几何图形知识有静态意义上的认识，而且使学生通过有效的动态想象，对观察到的图形在头脑中记忆的表象进行再一次的提取、改造和重组，使想象活动更具有方向性，让这一学习过程"活"起来，让学生从形状、特征、方位、变换等多种角度来感知图形、认识图形，达到真正发展学生空间观念的教学目的。

［片段写真］

师：（出示右图，要求学生仔细观察）你觉得
这个图形有趣吗？为什么你觉得这个图形有趣？

生：有趣，因为这个图形像房子，很好看。

生：有趣，这个图形像小鸟的头，很可爱！

生：我也觉得很有趣，这个图形像我妈妈的
一只靴子，倒着挂。

师：你们想得都很好，也很有趣，说明你们很热爱生活。但老师想的
和你们不一样，谁能猜到老师心里想的是什么？老师看到的又是什么呢？

（经过一段时间的沉默）

生：我想老师看到的是上面一个三角形、下面一个正方形。

生：我想老师也可能看到左边一个三角形、右边一个梯形。

师：你们连梯形都知道？大家能看到大图形中的两个小图形，很好！
这就是老师想说的内容。不过，还有一个更重要的事情要你们做。看着这
个大图形，你能否把它直直地剪一刀，然后再拼成一个长方形？

（认真地思考，不时地进行交流）

生：可以竖竖地剪一刀，把它拼到右边去。

师：哪里的右边？

生：上面的右边。

师：又是右边，又是上面，我们可以简单地叫什么呢？

生：我想可以叫右边上面。

生：叫右上面。

师：都不错。数学上可以叫右上角（课件演示过程）。那么，如果还是把原来的这个图形（课件演示，还原成原图）也来直直地剪一刀，再拼成正方形呢，可以吗？

生：（相互交流后）可以。

师：你上来说说，怎么样直直地剪一刀，又能拼成正方形？

生：（用手比画着）这样斜斜地剪一刀后，把这块拼到这里。

师：这里可以叫什么地方？

生：左下角。

师：你们看，我们的孩子多聪明！知道了右上角，就马上会理解哪里叫左下角了！

二、动态想象——要在动手操作前实施

学习心理学告诉我们，想象主动性是指想象的积极性与目的、程度如何。想象主动性良好的学生，在一切学习活动中都能以积极的态度对自身已有的表象进行加工改造、重新组合，能紧紧围绕所确定的主题和目的有计划、有步骤地展开想象，并保持一定的方向，因而能比较顺利地取得学习成果。然而，由于数学新课程十分强调学生动手操作的学习方式，教师在实施教学过程中若未能充分研究学生的学习特点和学习规律，只是一味过早地让学生进入动手操作环节，未能在学生动手操作前进行必要的动态想象，就会使数学教学失去培养学生空间想象能力的大好机会。有的教师甚至认为，先让学生动手操作获得感性经验后再让学生想一想、说一说，能使学生学习数学知识更顺利。殊不知，这样动手操作后的动态想象，其实是不具有多少真正的想象成分的，更多的是一种动手操作后对已有表象的再现和表述。我们认为，从培养学生空间观念和想象能力的角度说，动态想象比动手操作更为重要。当然，在"空间与图形"学习中，要让学生先动态想象再动手操作，还要关注学生学习思维的最近发展区。我们不但要关注动手操作的形式和难度，还要处理好动手操作和动态想象的辩证关系，避免学生操作活动的随意性和虚假性。让学生在动手操作前先仔细观察，合理猜想，再在动态想象

的基础上动手操作。这样做,有利于学生在操作过程中进行数学化的思考,对想象活动进行必要的内化,有利于学生空间观念的有效发展。下面就以四年级"图形的变换"教学为例来说明四个不同的步骤——独立观察与猜想、同桌交流与分析、动手操作与验证、合理思考与拓展。

[片段写真]

(师出示右图:4个完全一样的等腰直角三角形——◣◣◣◣)

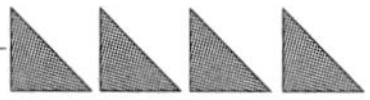

师:看着这些图形,你们能想到什么数学问题?

生:我想到这些三角形中,每个三角形的内角和都是180°。

生:我想到每个三角形中,有一个角是直角,还有两个角是锐角,都是45°。

生:我还想到用这些三角形能拼成很多图形。

师:是这样吗?

生:是的。

师:那好,先请每个同学独立思考,看着屏幕上的4个三角形,猜想它们能拼成我们学过的哪些图形,并把猜想的结果填写到下面的表格中。

学生想象猜想与操作结果对比分析表

图形 结论	长方形	正方形	圆形	三角形	平行四边形	梯形
我的猜想						
验证结果						

(学生观察、思考、猜想、填写)

师:能猜想到的不一定说得清楚,现在同桌之间先相互说说猜想的过程和结果。

(同桌交流)

师:你们认为哪个图形肯定是拼不成的?

生:圆。

师:说说你的理由。

……

师:其他的图形,如长方形、正方形、三角形、平行四边形和梯形,都能拼成吗？

（出现不同意见）

师：大家有不同意见，我们可以拿出信封中的学具（4个完全一样的等腰直角三角形），同桌合作进行验证。

（同桌操作、验证）

（教师有目的地让学生上来展示拼的过程，并要求学生在拼成的平行四边形中，只移动一个小三角形就能变成一个大三角形或一个梯形……）

师：（整体呈现拼成的不同图形）我们再来仔细观察拼成的 5 个不同的图形，你们还能发现或提出什么数学问题？

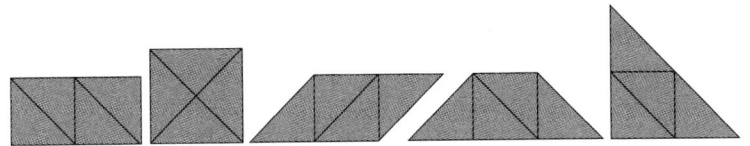

生：我发现这些图形虽然形状不同，但是它们的面积相同。

师：为什么？

生：因为这些图形都是由 4 个一样大的三角形拼成的。

生：我想这些图形中，有的可能周长相同，有的可能周长不相同。

师：是这样吗？我们不妨来研究一下，这些面积相同的 5 个图形中，哪几个的周长是相等的，哪几个周长不相等。

三、动态想象——可在学法指导时进行

教学经验告诉我们，学生对空间图形的认识和感受、表象的形成不是一蹴而就的，需要通过一系列的训练才能达成。提高几何形体从"静态"转化为"动态"的速度和效率，更需要教师在学法指导时，有效地实施动态想象这一必要途径。数学新课程标准中"空间与图形"的内容结构是以"立体——平面——立体"为主线，以"图形的认识"、"图形的测量"、"图形与位置"和"图形与变换"四条线索展开，遵循学生的认知特点，逐步推进的。同时，这四条线索都以图形为载体，以培养学生的几何直觉、空间观念、推理能力及更好地认识和把握我们生存的空间为目标。在教师的启发引导下，注重使学生经历观察、操作、想象、推理等过程，充分体现"空间与图形"的教育价值。但是，

我们在数学新课程教学过程中，往往会发现这样一种现象：教师从以前的课堂教学统治者一下子变为课堂教学的旁观者，任凭学生无序而又低层次地"动态想象"而不顾，甚至还会不合时宜地给予肯定，使学生的自主探索失去了应有的方向，当然也就达不到预定的教学目标了。这些教师认为，要"尊重学生"、"让学生的个性得到发展"，就应该提倡"让学生自由地想象，个性化地思考问题"。我们认为对个性发展的这种诠释有失偏颇，因为这样很可能使学生停留在原来的思维水平上，又怎么能实现学生的发展呢？教学的实践经验告诉我们，只让学生各抒己见，没有教师精当的讲授和适时的点拨，是不可能将学生的思维引向深入的；只让学生自由体验而没有教师富有开启智慧的思想、方法的渗透和引导，也很难培养出具有创新品格的人才。

[片段写真]

师：（出示一张正方形纸）现在请大家仔细观察一下，这张纸是什么形状的？

生：正方形。

师：你为什么说它是正方形呢？

生：因为它的四个角都是直角，四条边都相等。

师：不错。如果老师现在要大家把这张正方形纸连续对折 10 次，可能会变成什么图形？

生：可能会变成三角形。

生：可能会变成长方形。

生：也可能会变成正方形。

师：有那么多种可能吗？

（学生争论不休，都说自己有理）

师：连续对折 10 次可能太多了，你们在解决这个数学问题时有什么好办法？

生：我想可以先对折 2 次试试看。

师：是啊，10 次太多，先试 2 次。这种方法数学上叫做以简单代复杂。那么，就先请大家看着上面这张正方形的纸想象，猜想一下，对折 2 次后可能会变成什么图形。

（生同桌交流，说明理由）

师：刚才大家的合作交流都很认真，现在可以拿出你们信封中的几个正方形对折试一试，验证一下你们的猜想是否正确。

（学生动手操作，交流）

师：对折 2 次的结果是什么？

生：可以是三角形，也可以是长方形。

生：还可以是正方形。

师：那么到连续对折 10 次时又会是什么图形呢？

生：还是这三种图形。

生：可能不是的。

生：双数次是的，单数次可能不是。

师：我们这样学习多有劲！同学们不但愿意想象、喜欢操作，还会在这个过程中寻找规律。

……

从以上三个例子中，我们不难看到：动态想象在"空间与图形"的学习中起着十分重要的作用。从某种意义上来说，要有效地培养学生的空间想象能力，动态想象过程的科学实施比动手操作活动的展开显得更为重要。只有让学生在学习中真正有时间动态想象，有方法动态想象，才能使学生的"动手操作"活动更有效果。有些"空间与图形"的学习内容，仅仅是依赖动手操作来帮助学生建立空间观念，培养学生的空间想象能力，只能达到事倍功半的效果。如果我们对动态想象的过程进行科学合理的实施，就能对数学学习的想象活动进行有效的内化，使学生在习得"空间与图形"数学知识的同时，空间想象能力和学法的水平也得到十分有效的提高。

课堂智慧

努力创设"动态想象"条件　有效发展学生"空间观念"
——人教版二年级下册"平移与旋转"课堂教学实录

课程标准明确指出，在"空间与图形"教学中，应注重使学生在观察、操作、想象、推理等学习活动中，获得对简单几何体和平面图形的形状、大小、位置关系及变换的直观经验；应注重使学生通过探索现实世界中有关空间与图形的问题，发展学生的空间观念。下面根据人教版实验教材二年级下册的"平移与旋转"教学过程中的具体内容，浅谈如何努力创设动态想象条件，有效发展学生"空间观念"的教学思考。大家知道，二年级学生虽然是第一次正式学习"平移与旋转"这一数学几何知识，但他们在日常生活中已经经历过基本的过程，只是还没形成清晰的数学概念。所以在讲课开始，我通过解决"如何使两个卡通画与其他三个放得一样"调动学生已有的生活经验。而让他们先通过动态想象，再进行同桌交流，最后由电脑演示验证等活动，既为引入课题作了必要的尝试训练，更为学生创造了一次动态想象的有效载体。

教学经验告诉我们，学生对空间图形的认识和感受，表象的形成不是一蹴而就的，需要通过一系列的训练才能达成。提高"平移"和"旋转"的数学概念的认知程度，更需要老师在组织学习探究材料时，能够提供动态想象的有效条件。在教学中，先通过让学生想象轮船、风车、电梯和电风扇的运动过程，再由电脑演示在同一画面中出现，给这些运动状态进行比较分类，使学生又一次进入动态想象的活动状态，对观察到的图形变换在头脑中记忆的表象进行再一次的提取、改造和重组，使表象活动更具有方向性。

如何将"观察"与"思考"有机地结合在一起，促进学生的数学思维得到有效的发展，是我们在数学教学中不懈追求的一个重要目标。让学生通过对风车旋转过程的观察来发现旋转是有方向和快慢的，符合他们年龄特征的思维"最近发展区"要求，尤其是通过让学生对铅笔旋转想——说——做——画——验等学习活动，充分调动了学生进行动态想象的兴趣，提高了学生的空间想象能力和解决问题策略多样化的水平，可谓一举三得。当然，我们提倡要"尊重学生"、"让学生的个性得到发展"，就一味地"让学生自由地想象，个性化地思考问题"，对学生个性发展的这种诠释有失偏颇。因为这样做很可能使学生停留在原来的思维水平上，又怎么能实现发展呢？所以，学生都认为只有这几种旋转方法。老师要接着引导："你们画完了，老师也画了一种，你们来研究一下，也可以用铅笔试验一下，有这种可能吗？"这使学生的思维跳出了原来的"框框"，为动态想象创造了更大的空间和载体。

培养学生的空间观念需要让学生有充分的时间和空间来观察、测量和动手操作，使学生对几何图形产生直接的感知，进而丰富和促进他们的动态想象的质量。先让学生猜想，再让学生交流，最后让学生操作的教学策略，既符合学生的学习心理规律，又能充分发挥几何概念教学中动态想象的作用。无论是线段的平移或者旋转，还是两个完全一样的等腰直角三角形的组合过程的实施，教学过程中都要十分关注基本图形之间的联系和区别，关注图形之间的转化过程，让几何知识的学习过程"活"起来，从而促进学生从形状、特征、位置、变换等多种角度来感知图形、认识图形，达到真正有效地发展学生空间观念的教学目标。具体教学过程如下：

一、在观察中引入概念

师：同学们学数学时每天都要同数字和图形做朋友，今天钱老师又给大家带来了美丽的图形，你们想看吗？

生：想！

（教师出示美丽的卡通画）

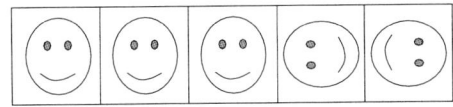

师：你们仔细看，看到了什么？又发现了什么？

生：我看到了美丽的卡通画。

生：我看到了 5 个小娃娃。

生：我还看到了 3 幅卡通画放得一样，还有 2 幅卡通画放得不一样。

师：大家都说得很好！那么，放得不一样的 2 幅卡通画你们有什么办法也让它们和其他 3 幅放得一样呢？

生：让它们转动一下。

生：让它们旋转一下就可以了。

师：大家同意吗？

生：同意。

师：好！现在就请你想象一下，这 2 幅卡通画怎么动，才能与前面 3 幅放得一样，同桌之间可以交流一下想法。

（学生动态想象，同桌交流）

师：想好了吗？

生：想好了！

师：谁能用手比画一下这两幅卡通画动的过程？

生：（用手比画）一幅往右转，一幅往左转。

师：大家能理解吗？

生：应该叫往右旋转，往左旋转。

师：很好！大家来看大屏幕（电脑演示：将第4幅、第5幅卡通画分别按顺时针和逆时针方向旋转成与前3幅卡通画一样的位置），电脑里的转法与你刚才想的转法一样吗？

生：一样。

师：我们可以把这样转的过程叫做什么？

生：转动。

生：旋转。

师：是的。我们就叫它为"旋转"吧。（板书：旋转）

……

二、在对比中理解概念

师：钱老师的家乡在舟山，舟山是一个海岛，四周全是大海，你们说，我从家乡来到你们这里，先要乘什么？

生：乘船。

师：是的，先要乘船（演示轮船在海上航行）。我们那里还有——（出示大风车）这是什么？

生：风车。

师：（出示电梯和电风扇）这两样又叫什么呢？

生：电梯，电风扇。

师：是的。这4种物品它们是怎样运动的，你们能想象出来吗？

生：能。（全体学生进行动态想象）

师：谁愿意告诉大家，它们是怎样运动的？用手来比画一下。

生：轮船是往前开的，风车是转动的，电梯是上下动的，电风扇是转动的。

师：你们还有其他想法吗？

生：风车和电风扇都会旋转。

师：他说的有没有道理？

生：有。

师：都说得挺好。我们一起来看一看电脑中的这些物体是怎样运动的。（课件出示四种物体同时在画面上运动）

（学生仔细观察）

师：根据现在这4种物体的运动情况，你们能把它们分成两大类吗？

生：我把风车和电风扇分成一类，把电梯和轮船分成一类。

师：大家有什么意见吗？

生：没有。

师：为什么可以这样分类呢？

生：因为风车和电风扇都可以旋转，电梯和轮船没有旋转。

师：大家还有补充吗？

生：电梯和轮船都可以前后上下运动。

师：这样的前后运动和上下运动我们也可以给它们取一个名字，你们认为可以叫什么？

生：可以叫移动。

生：叫运动。

师：风车和电风扇也在运动啊，还会移动呢，你们怎么不说它们是移动的呢？

生：因为它们是转弯的，电梯是直直的。

师：对呀。我们看到的电梯、轮船都在直直地移动，所以可以叫它们为"平移"。（板书：平移——直直地）我们已经初步了解了什么叫"旋转"，什么叫"平移"，现在请你和同桌每人举出两个以上我们生活中的平移和旋转的例子，行吗？

（先同桌举例，再班中交流）

......

师：老师请一位同学上来把粉笔刷在黑板上旋转一下，你会吗？

（学生演示旋转动作）

师：好！你们还会把粉笔刷在黑板上平移吗？

生：会。

师：把粉笔刷在黑板上平移会是怎样的呢？

生：可能是左右移动。

生：也可能是上下移动。

师：谁愿意上来试一试？

（一个学生上来把粉笔刷在黑板上水平方向移动）

师：大家认为这是平移吗？

生：是的。

师：老师也来试一下，（把粉笔刷在黑板上作垂直方向移动）这是平移吗？

生：是的。

生：不是。

师：到底是不是？讨论一下吧。（学生热烈地讨论）

生：是的。因为它也是直直地移动。

师：其他小朋友还有意见吗？

生：没有了。

师：（把粉笔刷在黑板上作斜线方向直的移动）这也是平移吗？

生：是的。因为它也在直直地移动，方向没有变。

师：大家都懂了，平移是直直地移动，方向不改变。

三、在操作中巩固概念

师：大家学得很好，钱老师要奖励大家。看看是什么奖品？（出示两只颜色、大小、形状都一样的风车）

生：风车！

师：想玩吗？

生：想玩！

师：谁想和老师一起来玩？

生：（争先恐后）我想，我想……

师：请大家仔细观察这两只风车的旋转，你能发现什么？（叫两个学生吹气，一个用力大一些，一个用力小一些）

生：我发现两只风车旋转得有快有慢。

师：是吗？再看一下。

生：是的，速度不一样。

师：你讲得太棒了！说明旋转是有速度，有快慢的。（板书：速度——快慢）

生：我还发现两只风车旋转的方向不一样。

师：是这样吗？我们再仔细看一下。（学生再吹气，风车旋转）

生：是的。一个是顺时针方向，一个是逆时针方向。

师：你们这些孩子真了不起！不但能观察到旋转的快慢，还能看出旋转的方向，太厉害了！干脆老师奖励每个小朋友一个数学游戏。你们喜欢吗？

生：喜欢！

师：不过，在做这个游戏前，每个小朋友先要认真地想一想，你们愿意吗？

生：愿意。

师：（出示一支削过的铅笔）大家先看着这支铅笔，再将眼睛闭上，想一想有几种不同的旋转方法，开始想——现在请同桌两个同学拿着铅笔做不同的旋转活动。（学生很有兴趣地操作）

师：图形的旋转有许多规律，我们同学也有许多聪明的方法。只要我们能够仔细地想一想，就能发现更多旋转的规律。我们把刚才的铅笔旋转规律画在纸上：

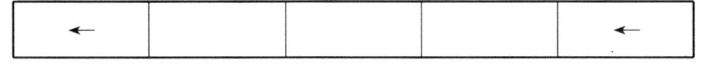

你们还能把它补充完整吗？

生：能！（学生作业交流后，出现以下几种情况）

(1) ← ↑ → ↓ ←

(2) ← ↓ ← ↑ →

(3) ← → ← → ←

师：你们画完了，也讲完了，学得很好！老师心里很高兴，也画了一种。（出示：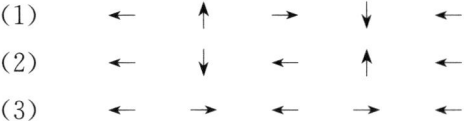）你们研究一下，也可以用铅笔试验一下，有这种可能吗？

（学生沉思、想象、操作、交流）

生：（大声地）有可能！

师：真的吗？能上来给大家分享一下你的发明吗？

生：好的。（比画铅笔沿着水平方向旋转的动作）

师：大家看懂了吗？

生：看懂了！

师：你真是太棒了，连别人怎么想的都能知道，老师谢谢你！

……

四、在想象中运用概念

师：旋转和平移在我们的生活中到处都存在。一个简单的图形可以通过平移或者旋转产生许多美丽的图案。请大家看（电脑出示一条蓝色的线段），如果这条线段从左往右平移，你们猜一猜，会出现一个什么图形？

生：会出现一条很长的线段。

生：不对，会出现一个图形。

生：是的，会出现一个长方形。

生：可能会出现一个正方形。

师：一条很长的线段，一个长方形，一个正方形？到底谁说得对呢？你们先同桌之间说一说，再用一支铅笔当做一条线段，在桌面上平移一下。

（学生商量、操作、交流）

生：应该不会是一条线段，会出现一个长方形。

生：有时候也会出现一个正方形。

师：大家想不想看老师用电脑尝试一下？

生：想！

师：（演示由 $\mid\!\!\longrightarrow\!\!\boxed{}$ ）大家想得对吗？

生：对。

师：那么，如果这条线段一端（下面一点）固定不动，这条线段绕着这个点旋转，你们先想一想，再猜一猜，又会出现一个什么图形。

（学生思考、想象、自言自语）

生：会出现一个三角形。

生：可能会出现一个圆形。

生：会出现一个半圆形。

师：能出现那么多图形吗？大家还是再用一支铅笔做一下试验，看看谁想得对。

（学生操作、争论，无法确定）

师：老师先让这条线段稍微旋转一下，再让大家来思考、想象，好吗？

生：好！

师：（电脑演示：由一条线段旋转30°成为一个扇形）大家再想一想，这样旋转下去，能成为什么图形？

生：一个半圆。

生：一个圆。

师：都同意吗？

生：同意！

师：请大家接着看（继续演示：由扇形再旋转 150°变成了半圆，再继续旋转 180°，变成了一个圆形）。

（学生情不自禁地鼓掌）

师：你们觉得图形的平移和旋转活动有趣吗？

生：有趣！

师：是的，生活中有许许多多美丽的图案都是通过平移和旋转的方法得到的，你们看（电脑展示：几幅由简单图形通过平移和旋转后形成的美丽图案），这些图案美不美？

生：美！

师：最后让我们用平移和旋转的方法来解决一个以前遇到过的有趣的数学问题，看谁想得正确、说得清楚、做得漂亮！（出示：两个完全一样的等腰直角三角形）这是两个一模一样的三角形，（展示：完全重合）每个三角形里都有一个直角，每个直角旁边的两条边都一样长，老师把它这样放在黑板上（出示：

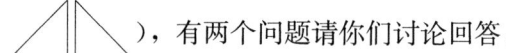

），有两个问题请你们讨论回答：

（1）用这两个三角形能拼成哪些图形？

（2）你可以用什么方法拼成这些图形？

现在请大家看着这两个三角形，同桌合作，看哪一组同学能运用今天学过的知识很好地解决问题。

（学生观察、讨论、比画、示意）

师：看来大家讨论得差不多了，拿出你们信封里的两个三角形，再拼一拼，说一说。想想你们刚才的方法对不对。

（学生同桌操作、交流）

师：先来回答第一个问题：用这两个三角形能拼成哪些图形？

生：能拼成三角形、正方形。

生：还有菱形。

生：还有平行四边形。

师：有那么多图形可以拼成？我们一个一个来验证，看你们猜想得对不对。认为能拼成三角形的举手。

（几乎全体同学举手）

师：谁愿意交流一下自己的想法？

生：把这两个三角形平平地拼在一起，就是一个大三角形了。

师：用什么方法？

生：平移的方法。

师：大家同意他的说法吗？

生：同意！

师：好的。我们把其中的一个三角形平移，与另一个三角形刚好拼成一个大三角形。

（动作演示结果：）。

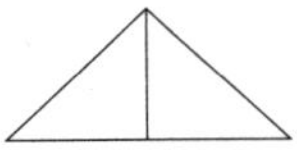

师：刚才还有同学说能拼成正方形，是吗？

生：是的。

师：那么，能够拼成吗？

生：能够拼成。

生：一定能够拼成！

师：既然大家都同意能够拼成，那么，谁又能够在这个大三角形中旋转其中的一个小三角形，然后拼成一个正方形？大家可以看着上面的图形进行想象，怎样进行三角形的旋转？

生：（静静地思考，不断地进行动态想象）老师，我会旋转了！

师：好，请你上来试一试怎样旋转一个三角形。

（学生演示结果：）

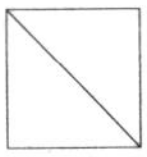

……

12. 数学理解：知识有效建构之关键

朱德江

数学学习过程是一个以学生已有的知识和经验为基础的建构过程，是一个构建学生自己对数学知识的理解的过程，而不是学生对于教师所授予的知识的被动接受。数学理解是从数学的角度去理解现实和数学对象。有专家认为："学习一个数学概念、原理、法则，如果在心理上能组织起适当的有效的认知结构，并使之成为个人内部的知识网络的一部分，那么学生就会产生他们自己的数学理解。"也就是说，当这部分数学知识已被学生接受，成为学生自身知识体系的一部分时，才真正构成数学理解。例如学生学习概念和规律（运算定律、计算法则、公式等）等知识时，不仅要能够说出概念和规律是什么，而且要知道它是怎样得出来的，知道它与其他概念和规律的关系，知道它的作用，并能进行解释。只有学习者在理解的基础上内化了这些知识，并将之纳入自己的知识体系中，才能真正形成数学理解，促使学生在课堂中主动探索、主动建构新的认知结构。

一、选择和设计促进学生思维投入的数学学习任务

[教学片段] 在"拼小正方形"的过程中理解"质数和合数"

师：用2个小正方形拼成长方形，有几种不同的拼法？用3个、4个、5个呢？你能用算式表示这些拼法吗？

（学生用小正方形试拼后讨论交流，并填入表内，如下表）

小正方形个数	有几种拼法		因数
	用图表示	用算式表示	
2	▢▢	1×2	1, 2
3	▢▢▢	1×3	1, 3
4	▢▢▢▢ ▦	1×4, 2×2	1, 2, 4
5	▢▢▢▢▢	1×5	1, 5

师：从表中可以知道，2、3、5个小正方形只有一种拼法，4个小正方形有2种拼法，现在你有什么猜想？请先把你的想法写下来，再与全班同学交流。

生：2以外的双数至少有2种拼法。

生：所有的单数只能拼1种。

生：双数拼法比较多。

生：有几种拼法就能写出几个算式。

师：请你们自己再找一些数来验证这些猜想。选几个小正方形拼一拼，把拼的方法记录在表格中，看一看自己的猜测是否正确，你还发现了什么。

（学生操作活动，继续举例"拼小正方形"，如6、7、8、9、12、17、20等。有的学生不再拼小正方形了，而是直接画图、写算式、写因数。教师再次组织学生交流。）

生：2也是双数，只有1种拼法。

生：2以外的双数至少有两种拼法是对的，如10有2种，6有3种。

生：15和27都有2种拼法，所以所有的单数只能拼1种是错的。

生：10和9的拼法一样多，所以双数多是错的。

师：请你写一写、数一数因数的个数，你又发现了什么？

生：只有2个因数的只有1种拼法。

生：有2种拼法的有3个或3个以上的因数。

师：像2、3、5、7、11这样的数叫做质数，像4、6、8、9、10、12这样的数叫做合数。

师：你认为怎样的数是质数，怎样的数是合数？先与同桌说说你的理解，再全班交流。

生：只有 2 个因数的数叫做质数。

生：只有 1 种拼法的数是质数。

生：只能表示成 2 个因数相乘的算式的数是质数。

生：除 2 以外所有的偶数都是合数。

生：质数只有 1 种拼法，合数有 2 种或 2 种以上拼法。

学生对数学知识的理解起源于自我的活动经验，并且在学习过程中自主建构对知识的理解，起源于数学活动的原始认识和表象是数学理解的基础。学生学习任务的选择和设计要注意激发学生的思维投入，而不仅仅是以掌握知识为目的。"质数和合数"属于概念教学，内容相对比较抽象，学生理解有一定困难。在这个教学片段中，教师创设了学生参与操作活动的机会，将教材中静态的写约数活动换成动态的实践活动，通过"拼小正方形"的活动激发学生的思维投入，促进学生从具体操作、表象操作到抽象出概念，学生的思维非常活跃。在教师的引导下，在"拼小正方形"的过程中，学生用图、算式、因数等不同的方式表示这个数，产生了很多猜想，教师继续引导学生举例验证，逐步发现规律。然后，教师给出了一个操作性定义，引导学生自己表达对"质数、合数"的理解，学生从不同角度表达了自己的理解，教师在此基础上再进行引导归纳。这样的学习任务的设计，为学生提供了操作、思考的素材，提供了反思和表达的机会，有利于激发学生的思维投入，促进学生的数学理解。

二、以丰富的学习材料促进学生构建自己的数学理解

[教学片段] 以丰富的学习材料帮助学生理解"小数的性质"

师：刚才这位同学认为 0.6＝0.60，很多同学也赞同，那么你能不能用一定的方法来验证或说明 0.6＝0.60 呢？请思考一下，你也可以借助信封袋里的材料思考。

（学生动手操作，自主探究方法，同学间交流讨论）

师：你选择了哪一种方法来说明 0.6＝0.60？请向全班同学介绍一下。

生：0.6＝0.60，因为 0.6 元就是 6 角，0.60 元就是 6 角 0 分，所以它们是相等的。

生：我选用了两个正方形的材料进行验证（如下图），因为 0.6 就是十

分之六，也就是把这个正方形平均分成十份，表示其中的六份；0.60就是百分之六十，也就是把这个正方形平均分成一百份，表示其中的六十份。从图中可以看出，两个数表示的阴影部分的面积是一样的。所以，我也认为"0.6＝0.60"是对的。

 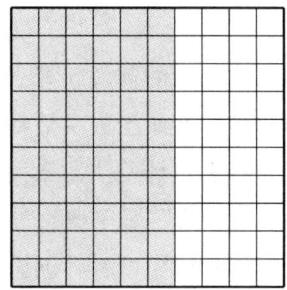

生：我是从"数位"来想的，两个数的十分位都是6，0.60百分位上是0，0.6百分位上没有，也可以看做0，所以我说0.6和0.60是相等的。

生：0.6米就是60厘米，0.60米也是60厘米，所以0.6＝0.60。

生：0.6的计数单位是0.1，0.6表示6个0.1；0.60的计数单位是0.01，0.60表示60个0.01，60个0.01等于6个0.1，所以0.6和0.60相等。

师：刚才同学们从不同的角度验证、说明了0.6＝0.60。由此我们可以得出，"小数的末尾添上0，小数的大小不变"的猜想是正确的。你能再举一个例子吗？

理解是以已有的知识和经验为基础的，在数学知识的学习中，教师向学生提供丰富的感性材料，能调动学生原有的认知结构，通过重组和调整，沟通新知识与原有知识的联系，促进学生理解有关知识。例如，本节课教师为了帮助学生理解"0.6＝0.60"，为学生提供了丰富多样的学习材料，而且提供的材料都有一定的代表性，主要有两类：一类是以学生生活经验为主的，如0.6元和0.60元、0.6米和0.60米。另一类是以学生原有的数学知识为基础的，如正方形中画阴影部分、计数单位、数位顺序表等。从课堂教学的实际过程看，学习材料的多样化为学生自主选择研究材料提供了更多的可能，学生通过不同的途径、从不同的角度、用不同的方法验证说明了同一个问题，获得了对小数性质的具体的感性的知识，促进了学生对"小数的性质"的理解，同时也使学生感受到了知识间的内在联系，使新知识成为学生个人内部的知识网络的一部分。

由此可见，学生在学习新知识时，有时需要依靠具体经验和原有的知识基础获得对新知识的理解，这就要求教师根据学习内容和学生实际，为学生提供实物、图、表等丰富的数学学习材料，并创设学生操作、交流的时间和空间，使学生借助学习材料获得学习新知识需要的感性认识，并通过自己的思考理解有关内容，将其纳入自身的知识体系。这样，学生获得的知识才是深刻的、清晰的、牢固的。还要注意的是，教师设计和提供的每个材料都要具有一定的代表性。如果教师为学生提供了多种学习材料，但只是简单的重复，缺乏层次性与代表性，与提供单一学习材料并没有本质上的区别。

三、在经历知识"再创造"的过程中促进学生构建自己的数学理解

[教学片段]　引导学生经历"长方形的面积"计算方法的"再创造"过程

（估计"卡片"的面积）

师：（出示长方形"神奇宝贝"卡片）请你估计一下这张卡片的面积大约是多少？

生：15平方厘米。

生：18平方厘米。

生：28平方厘米。

师：同学们估计了很多答案，这张卡片的实际面积到底是多少，你们有办法测量吗？请你试着测量出卡片的实际面积，可以利用老师给你的工具。

（学生动手操作，用自己的方法测量出卡片的实际的面积；教师巡视指导）

（反馈交流，形成猜想）

师：你实际测量出来的这张卡片的面积是多少？

生：40平方厘米。

师：现在都同意40平方厘米，你是用什么方法测量的呢？

生：（上讲台演示）我用透明方格纸盖在卡片上面，然后数一数，每排有8个1平方厘米的小正方形，这样有5排，所以卡片的面积是40平方厘米。

生：（上讲台演示）我是用1平方厘米的小正方形摆的。（该学生一行

摆了8个，一列摆了5个，没有铺满）

师：这样摆，你怎么知道卡片的面积呢？

生：每行可以摆8个1平方厘米的小正方形，每列可以摆5个，乘一下就是40个1平方厘米的小正方形。

生：我还有个笨办法，看着他摆的，我可以一排一排地去数，也能知道是40平方厘米。

师：还有其他方法吗？

生：我是用尺子量的。

师：用尺子能直接量出面积吗？我们知道，尺子是用来量长度的，一起来听他介绍一下。

生：（边演示边说明）我用尺子量出卡片的长是8厘米，宽是5厘米，乘一下，面积是40平方厘米。

师：他的方法你们听懂了吗？谁能再解释一下？

生：先用尺子量出卡片的长和宽，再用长乘以宽算出面积。

生：长8厘米就可以摆8个1平方厘米的小正方形，宽5厘米就可以摆5个1平方厘米的小正方形，所以面积是40平方厘米。（教师和学生一起用掌声表扬这位同学精彩的解释）

师：这位同学的方法是先用尺子量出卡片的长和宽，然后用"长×宽"计算出卡片的面积。用这种方法得到的答案和我们用小正方形摆出来的结果是一样的，看来用长乘以宽计算这张卡片的面积是可以的，这种方法对于其他的长方形是否也适用呢？我们可以怎么办呢？

生：再找几个长方形来试一试。

师：这是一个好办法，我们来试一试。

（举例验证，探索方法）

师：老师这里为大家准备了几个长方形，我们4人小组合作来试一试，小组分工，每人选一个图形验证，其中一个同学画一个长方形试一试。

师：请每位同学先用刚才这位同学提出的"长×宽"的方法测量计算面积，再用其他方法验证一下，把有关数据记录下来。

（学生实践操作，教师巡视指导）

师：请在小组里交流一下你得到的结果，说一说你是怎么得到的，并选一名代表发言。

师：哪个小组来汇报你们的研究结果，并举个例子来说明是怎么验证的？

生：我们小组认为这种方法是正确的，比如我画了长是 7 厘米、宽是 5 厘米的长方形，7 乘以 5 等于 35 平方厘米，然后我用方格纸验证一下是对的。

生：我们选了 3 号图形，长是 11 厘米，宽是 2 厘米，面积就是 22 平方厘米，我用小正方形摆了一下，每行可以摆 11 个小正方形，可以摆 2 行，是对的，所以我们认为这种方法是可以的。（学生说后教师用课件演示）

生：我也画了一个长方形，长是 4 厘米，宽是 3 厘米，（4＋3）×2＝14（厘米）。

师：对他的结果你有什么想法？

生：他这样计算不对，这样算是周长，应该用 4 乘以 3，等于 12 平方厘米。

生：我们小组也认为"长×宽"这种方法是可以的，比如 1 号图形长是 7 厘米，宽是 4 厘米，7 乘以 4 等于 28 平方厘米，然后验证一下，是对的。

生：2 号图形的边长是 3 厘米，3×3＝9 平方厘米，用小正方形摆来验证也是正确的。

（小结并得出计算公式）

师：刚才几个长方形面积的测量验证，说明刚才这位同学猜想的方法是正确的。现在我们归纳一下，长方形的面积可以怎样计算呢？

生：长乘以宽。（教师板书：长方形的面积＝长×宽）

荷兰著名数学教育家弗赖登塔尔说过："学习数学的唯一正确方法是实行'再创造'，也就是学生本人把要学的东西自己去发现或创造出来，教师的任务是引导和帮助学生进行这种再创造的工作，而不是把现成的知识灌输给学生。"数学学习过程不是让学生被动地接受教材或教师给出的现成结论，而是要通过组织合理的数学活动，让学生经历知识的"再创造"过程。学生在不断的经历过程中主动地从事数学思考，在理解的基础上建构数学知识。对知识与方法的理解并不等同于知道是什么、怎么做，会背定义、会套用公式计算并不等同于理解了相应的数学概念、数学法则。长方形面积的教学不仅要让学生知道计算公式，会用面积公式进行计算，更重要的是要引导学生经历探索研究长方形面积公式的过程，通过实践操作、讨论、交流等活动，自己探索发现长方形面积的计算方法，并能感悟到"长×宽"的算理，促进学生对数学的理解。也就是说，长方形的面积的教学不仅要让学生会用"长×宽"计算面积，而且要让学生通过语言表述、实际操作等解释"长×宽"的意义，并能实际应用，这样才是真正理解知识。本节课中引导学生在活动中学数学，设计了两次不同目的的操作体验（学生独立操作的时间有近9分钟），让学生经历"测量面积，产生猜想——举例验证，归纳方法——推广应用"的科学研究过程，力求通过让学生"做"数学，逐步使学生既知道长方形的面积公式，又在大脑中建立起为什么长方形的面积公式是"长×宽"的表象，较好地获得对长方形面积计算方法的理解。这样，从学生已有的生活经验出发，让学生亲身经历将实际问题抽象成数学模型并进行解释与应用的过程，促进了学生对数学的理解。学生的整个认知过程体现了布鲁纳"表象模式理论"的三个阶段，即知识的掌握和理解经历了三个认知发展阶段：动作式再现表象阶段——映像式再现表象阶段——符号式再现表象阶段。学生在教师创设的数学学习情境中，通过自我思考、与同伴和教师交流，"创造"了自己所理解的数学。学生这样的数学学习过程是一个构建自己对数学知识的理解的过程——每一次学习活动都会对相应的学习对象形成一定的理解，并将新的信息纳入自己的知识体系，形成新的知识网络和图式结构。这样的教学方式不仅有助于学生理解数学，还有益于他们获取比知识本身更重要的东西——数学方法、数学能力和对数学的积极情感。

四、鼓励学生用自己的方式表达对数学的理解

[教学片段]　用自己的方式表达对"异分母分数加减的计算方法"的理解

师：猴王给两只小猴分一个饼，一只小猴分到了这个饼的 $\frac{1}{4}$，另一只小猴分到了这个饼的 $\frac{3}{8}$。两只小猴一共分到了这个饼的几分之几？

生：$\frac{1}{4}+\frac{3}{8}$。

师：$\frac{1}{4}+\frac{3}{8}$ 等于多少呢？你能用什么方法得到答案呢？先自己独立思

考，再与同学交流。

（学生操作，教师巡视指导，组织交流反馈）

生：我画了个图（边画图边解释），从图上可以看出 $\frac{1}{4}$ 就是 $\frac{2}{8}$，合起来就是 $\frac{5}{8}$。

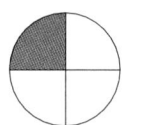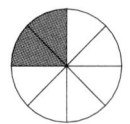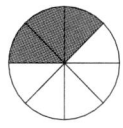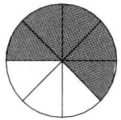

生：我是根据刚才"分饼"来想的，先把饼平均分成 4 份，一只小猴吃了其中的一份，如果把每一份再平均分成 2 份，一共把饼分成了 8 份，这只小猴分到了其中的 $\frac{2}{8}$，另一只分到了这个饼的 $\frac{3}{8}$，一共分到了这个饼的 $\frac{5}{8}$。

生：我是折纸计算（边说边演示），先把这张纸对折，再对折后打开，这时把这张纸平均分成了 4 份，一份就是 $\frac{1}{4}$。如果再对折，就是把这张纸平均分成了 8 份，我们可以看到原来的 $\frac{1}{4}$ 变成了 $\frac{2}{8}$，与 $\frac{3}{8}$ 合起来就是 $\frac{5}{8}$。

生：我先把 $\frac{1}{4}$ 化成 $\frac{2}{8}$，再根据同分母分数计算方法计算，$\frac{2}{8}+\frac{3}{8}=\frac{5}{8}$。

师：你为什么要把 $\frac{1}{4}$ 化成 $\frac{2}{8}$ 呢？可以直接加吗？

生：不能直接加，昨天上课时讲了，分母相同时才能直接加减。这两个分数的分母不一样，也就是分数单位不一样，所以不能直接相加。

生：我还有一种方法，$\frac{1}{4}=0.25$，$\frac{3}{8}=0.375$，$0.25+0.375=0.625$，0.625 等于 $\frac{5}{8}$。

师：同学们用多种方法解决了 "$\frac{1}{4}+\frac{3}{8}$" 的问题，方法主要有两类，前面 4 种方法都是把 $\frac{1}{4}$ 先化成 $\frac{2}{8}$ 再相加，还有一种是化成小数再相加。

$\frac{2}{7}+\frac{1}{14}$你会算吗？请你用刚才这些方法试一试。

　　学生尝试计算后交流计算方法，教师引导学生比较反思，使学生体会到"先化成分母相同的分数再相加"是一种通用的方法，而"化成小数再相加"的方法有一定的局限性。

　　交流与表达个人的观点是理解的一个重要指标，表达可以是口头的、书面的，也可以通过其他方式，如图片、图形或模型等。儿童对数学的理解常常是稚嫩的、不成熟的，但同时这种理解又是最具有个性的。我们要珍视这种最初的、朴素的理解，创设机会鼓励学生用自己的方式表达对数学的理解，帮助学生有效地使用多种语言表达自己的数学理解，并抓住契机适时地加以引导，这样能激发学生参与学习的热情，树立学好数学的信心，而且有利于学生在表达的过程中进一步理清自己的思考方法，并有机会分享同学的想法，起到相互启发、相互促进的作用。例如，上述异分母分数加减法计算方法的教学，不仅要让学生知道"先通分再按照同分母分数加减法的计算方法相加减"，而且要鼓励学生自己探索方法，建立数学模型，表达对方法的理解。在交流过程中，尽管学生对算法的表达有不够清楚的地方，但蕴涵在其中的对数学的理解足以让我们欣慰。这样教学，每一个学生都能主动地参与数学活动，学生有充分的时间和空间进行思考，都能对面临的数学问题表达自己的理解，在独立思考、相互交流、分享成果的氛围中倾听、思考。这样的数学课堂，数学的学习方式不再是单一的、枯燥的，数学学习真正成为充满生命力的过程。

以丰富的活动体验促进概念的有效建构
——"面积"教学案例

　　什么是"面积"？《现代汉语词典》关于面积的解释是："平面或物体表面的大小。"《辞海》关于面积的解释是："几何学的基本度量单位之一，是用以度量平面或曲面上一块区域大小的正数，通常以边长为单位长的正方形的面积为度量单位。"北师大版小学数学教材关于面积的描述是："物体表面或封闭图形的大小叫做面积。"

　　"面积"教学教什么？怎么教？如何引导学生理解"面积"概念的丰富内

涵，形成对概念内涵的清晰认识，而不仅仅是让学生抽象地记忆"物体表面或封闭图形的大小叫做面积"。教学时，要注重概念本质、淡化形式，不要过多地围绕概念的定义去探讨"物体表面"、"封闭图形"这些词语的意思。例如，对于"物体表面"，主要是让学生认识物体的某个面，由于是初步认识，不一定要涉及曲面。对于"封闭图形"，也只要通过画图、举例等方式让学生直观感知即可，不必过多地讨论。教学时，从学生对生活中面积的最初认知入手，结合学生最常见的物体（如数学课本等），通过摸物体的面、比较面的大小和平面图形的大小、在正方形中画图形、用面积单位的个数描述图形面积的大小、表面覆盖活动（如涂色活动、用数学书去"铺"桌面）等丰富的数学活动，引导学生感知面的存在和面的大小，丰富对面积的感性认识，积累丰富的度量面积的经验，从而理解面积的含义，有效建构面积概念。

一、在直观感知与比较中，感知面的大小，初步理解面积的含义

1. 在直观感知中引出"面积"

师：（课件呈现一串沙滩脚印图）小明和他的爸爸到沙滩上去玩，玩的时候留下了一串串的脚印，朱老师从里面选择了两个。（课件呈现一大一小两个脚印）

师：你能够分辨出哪个是小明的脚印，哪个是小明爸爸的脚印吗？

生：小的是小明的脚印，大的是小明爸爸的脚印。

师：谁知道他是根据什么分辨出来的？

生：他是根据脚印的大小分辨出来的。

师：根据这两个脚印的大小，分辨出哪个是小明爸爸的脚印，哪个是小明的脚印，像这样的脚印的大小在数学中称做什么呢？（下面有学生跟着说"面积"）

师：今天这节课，我们就一起来学习和了解面积。（板书：面积）

师：听说过面积吗？哪儿有面积？

生：房子有面积。

生：操场有面积。

生：黑板的面有面积。

2. 在"摸面"活动中感受面的存在，体会面的大小

师：刚才有同学说到黑板的面也有面积，面是什么意思？面在哪儿呢？你能在身边找一个物体说一说面在哪儿吗？

（学生先后说了桌子的表面、书本的封面、本子的封面、铅笔盒的表面等，教师引导学生分别摸一摸，同桌间互相说一说，充分感受面的存在）

3. 在面的大小比较中初步理解面积的含义

师：（举着书和本子）刚才有同学说了书本的封面、本子的封面，这两个面哪个大、哪个小呢？

生：数学书的面大，练习本的面小。

师：你是怎么知道的呢？

生：把它们重叠起来比一下。

师：把两者重叠，这是比较面积的一个很好的办法，你重叠给大家看一看。

（一学生上讲台操作）

师：重叠起来，你发现哪个面大一些？

生：数学书的面要大一些。

师：看来面是有大小的，面的大小就是面积。（板书：面的大小叫做面积）

师：刚才还说到了桌面，桌面与书本的封面哪个大呢？

生：（齐说）桌面大。

师：那么，你能不能找到一个比桌面大的面呢？

生：黑板的面比桌面的面积大。

师：还有没有比黑板的面积更大的？

生：有，操场的面积。

师：看来，面积大的面我们会找了，你们会不会找面积小的呢？

师：（拿起一个铅笔盒指着一个面）你能不能找一个比它面积更小的面？

生：橡皮的面。

师：还有没有比橡皮的面面积更小的？

生：肯定有。

师：能说完吗？我们课后可以再去找哪里有更大的面，哪里有更小的面。

师：刚才我们说到的这些面都是物体的表面，这些面的大小就是这个面的面积。（板书：物体表面）

师：（指着铅笔盒的一个面）如果把铅笔盒的这个面画下来，它就是什么图形？

生：长方形。

师：长方形的大小、图形的大小你会比吗？试一试。

（课件出示：比较下面两个图形的面积）

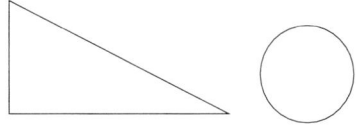

师：谁能比出这两个图形的大小？

生：三角形的面积大，圆的面积小。

师：（出示第二组）你能比较浙江省和湖南省的面积的大小吗？

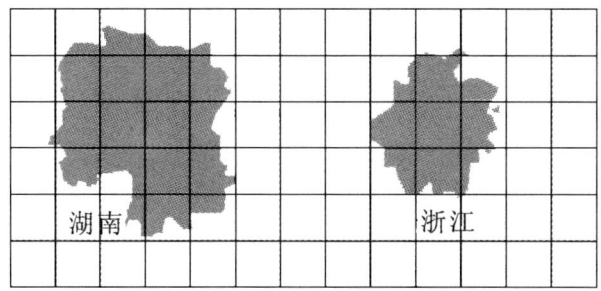

生：湖南省的面积比浙江省的面积大。

师：怎么知道的？

生：直接观察，就可以看出来。

师：（出示第三组）这是两个平面图形，你能说出它们的面积大小关系吗？

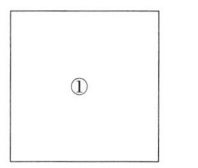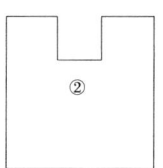

生：①号图形的面积比②号图形的面积大。

师：有没有不同的观点？

生：②号图形的面积比①号图形的面积大。

师：有两种不同的观点，你支持哪一种，说说你的想法。

生：②号图形缺了一块，②号图形的面积小。

生：刚才他觉得辨别面积的大小是把周长相比较。

师：周长和面积是不是一回事？

生：不是。

师：谁来说一说，比如①号图形，周长是指什么？面积是指什么？

生：周长就是它的四条边的长，面积是四条边围起来的地方。

师：周长和面积一样吗？（多媒体演示两个图形的周长和面积，并重叠比较面积的大小）

生：②号图形比①号图形的周长要长。

师：刚才我们比较的是几组封闭的平面图形的大小，物体表面或封闭平面图形的大小就是它们的面积。（完成下面的板书）

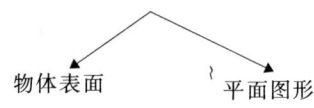

面的大小叫做面积

物体表面　　　　平面图形

二、用自选单位测量和估计图形或物体的面积，体会自选单位的多样性，深化面积概念理解

1. 用正方形、三角形等自选单位测量和描述图形的面积，利用七巧板体会自选单位的多样性

师：（多媒体出示一个正方形）面的大小是面积，那么，像这个正方形的大小怎么来说明呢？我们来继续研究。

师：（课件将正方形变成七巧板，并演示涂色过程）在这个七巧板中，哪个图形的面积最大？哪个图形的面积最小？你能比一比、说一说吗？

生：⑥号图形的面积最大。

生：⑥号和⑦号图形的面积最大。

师：⑥号和⑦号图形的面积最大，哪一块最小呢？

生：③号和⑤号图形的面积最小。

师：谁能提个问题？

生：那个⑥号三角形有几个？

师：真是太棒了，老师也想问这个问题，大家为他提出一个好问题鼓掌。

师：这个正方形里有几个⑥号三角形？你能回答吗？

生：有 4 个⑥号三角形。

师：你是怎么想出来的呢?

生：看着图数出来的。

生：如果把一个大正方形看成两半的话，下面就有⑥号和⑦号两个同样大的，上面也有两个同样大的，所以就有 4 个。

师：我听明白他的想法了，他在用前面七巧板的⑥号和⑦号思考问题。

(教师用课件演示数出 4 个的过程)

师：(课件出示下面两幅图) 这个正方形中有 4 个⑥号三角形，有几个①号三角形呢? 如果我在正方形中画⑧号正方形，又有几个呢?

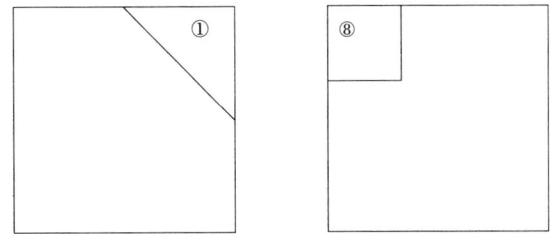

师：怎样来说明你的想法呢? 你能不能在正方形中画一画，说明自己的思考方法? 同桌之间分工，一位同学想有几个①号三角形，另一位同学想有几个⑧号正方形，然后同桌交流一下。

(学生动手画，并同桌交流)

(教师展示部分学生的作品，组织学生交流)

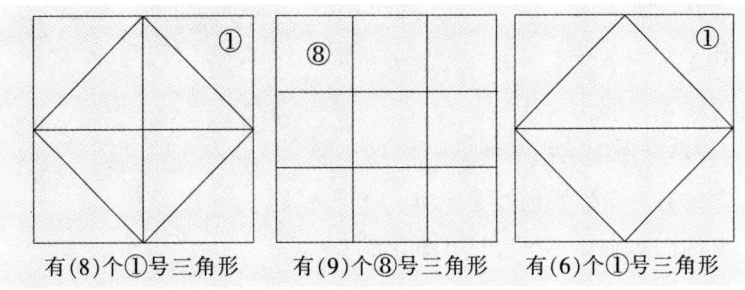

有(8)个①号三角形　　有(9)个⑧号三角形　　有(6)个①号三角形

师：我们来听听它们的意思是什么。

生：这个正方形中有 8 个①号三角形。

生：有 9 个⑧号正方形。

生：第三幅图有问题，它画出来的中间的三角形和①号三角形不相等。

生：它画出来 4 个①号三角形，中间它应该也画 4 个。

生：我用七巧板想，有 8 个①号三角形。

师：也可以通过想象，是吗？你真的很棒！

师：刚才我们通过画，通过想象，现在我们一起来用其他图形说明这个正方形的大小，回顾一下，分别有几个呢？（课件出示三幅图）

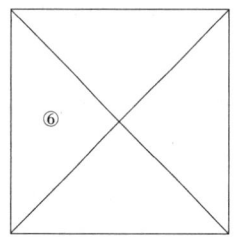 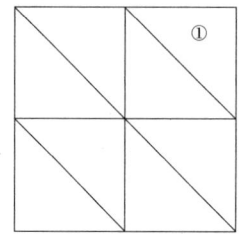 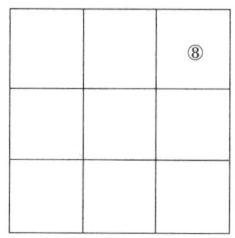

生：（齐答）有 4 个⑥号三角形，有 8 个①号三角形，有 9 个⑧号正方形。

师：都是用摆几个三角形或小正方形来说明这个正方形的大小，为什么个数不一样呢？

生：因为三角形、正方形的大小不一样。

2. 联系实际，用自选单位估计和测量面积

师：像刚才这样，选择一个图形做标准，是常用的测量或描述一个图形或物体的面的大小的方法。例如桌面的大小，我们也可以选择一个物体做标准，如数学书，大家估计一下，我们这个桌面有几个数学书封面的大小呢？

生：4 个。

生：我认为有 6 个。

师：到底有几个数学书的封面的大小呢？

生：可以摆一摆。

（学生同桌合作用书摆一摆）

生：大约有 6 个。我们摆了 5 本，比 5 本多一点。

师：那你们的小凳子可以摆几本书啊？

生：2 本，不到 2 本。

师：大约 2 本书的大小，那么哪个面积大，你们比出来了吗？

生：桌子的面积大。

师：这个桌面可以用数学书去量，可不可以用其他东西量？

生：可以用本子量。

生：还可以用铅笔盒的一个面去量。

生：还可以用橡皮的一个面，就是比较麻烦。

师：朱老师用小本子摆了一下，这个桌子能摆几本呢？（课件演示摆的过程）

生：18 本。

师：也就是说，我们刚才说大约有 5 本数学书封面的大小，也可以说是 18 本小练习本封面的大小。由此看来，量桌面的面积有很多方法呢！

（教师引导学生小结）

三、在练习中解释和应用，完善和提升面积概念理解

1. 比较长方形和正方形的面积的大小

教师先出示长方形和正方形，学生比较，学生都认为这两个图形一样大。教师用多媒体呈现邮票图案，提示"你能根据邮票再想一想吗"，引导学生用邮票作为标准，学生很快发现正方形可以摆 25 张邮票，长方形可以摆 24 张邮票，并得出结论。教师再小结："像这样两个图形或物体的表面大小比较接近，直接观察有困难时，可以利用其他图形或物体量一量、比一比。"

2. 课桌桌面上放纸巾盒，只放一层，可以放几个

教师先出示实物，引导学生思考："这样摆一层的话，在桌面上大概可以摆几个？"学生猜测后实际摆一摆，发现可以摆 7 个多一点。再追问："不能叠起来，你有办法摆这样的 10 个纸巾盒吗？"学生非常踊跃，并上来演示，发现用侧面去摆，可以摆 16 个。最后，讨论："为什么前面摆不下，后面就摆得下了呢？"学生的思维非常活跃。

13. 有效探究：小学数学生态课堂的应然选择

陈惠芳

在当前的小学数学课堂教学中，自然生态的教学环境，低碳的教学设备，自主学习、合作探究的学习方式以及师生有效的交流互动等理念与策略，已被广大一线教师广泛认同和采用。在数学课堂教学中，大多数教师都有意识地安排探究学习活动。但探究活动的安排、素材的选择以及探究活动后的反馈交流是否有效，同样值得深入研讨。我认为，有效探究是小学数学生态课堂的应然选择。

一、明确的目标指向性：有效探究的前提

特级教师黄爱华曾说："如果说学生在课堂上有积极探究的愿望，是因为教师为学生创设了现实而有趣的问题情境；如果说学生能积极主动参与交流讨论，是因为教师为学生提供了足够的探索时间和空间；如果说学生讨论的气氛比较热烈，是因为教师在努力做引导者的角色，认真倾听，不断引导学生的思维走向深入……"小学生的思维是在有效的探究活动中发生、发展的。学生如果亲自参与实践探索活动，就能不断积累活动经验，提升观察、比较、实验、猜测、验证及概括推理的能力，从而理解和掌握基本的数学知识技能和数学思想方法，发展思维。

有一位教师在教学苏教版小学数学第七册"小数乘法"时，精心组织了两次有效的探究活动。

第一次：出示例题，小明家的房间平面图（详见该教材第 87 页）。要求学生根据已知的数学信息，观察提出什么问题就可以列出乘法算式。学生很快发现了可依次求出房间、小床、阳台的面积。

教师随机板书了 3.6×2.8、1.95×1.1、1.15×2.8 三个算式，先让学生进行估算，接着启发思考："你认为这些算式最值得认真研究的问题是什么？"在学生交流的基础上出示活动要求：利用工具（计算器）探究，可以两人合作，研究内容为积的小数位数的规律。最后，教师出示了以下探究内容。

研究主题	积的小数位数与因数的小数位数之间的关系			
乘法算式	第一个因数	第二个因数	乘积是多少	积
3.6×2.8	（　　）位小数	（　　）位小数		（　　）位小数
1.95×1.1	（　　）位小数	（　　）位小数		（　　）位小数
4.42×0.83	（　　）位小数	（　　）位小数		（　　）位小数
2.34×0.561	（　　）位小数	（　　）位小数		（　　）位小数
填完表格后，和同桌说说自己的发现！				

此环节从计算"房间的面积"这个生活原型引入，切入了学生的现实生活背景，唤起了学生强烈的求知欲。在课堂上，采用合作探究的学习方式，扩大了思维和探索空间，有利于学生问题意识的培养。经过比较，学生都发现了"第一个因数的小数位数加上第二个因数的小数位数就是积的小数位数"这样一个规律。

但仅仅知道"小数乘小数，积有几位小数"是不够的。本节课的目标之一是理解并掌握小数乘小数的计算方法，能正确计算。因此，在学习小数乘法的竖式计算时，教师第二次大胆放手，并提出了探究活动的更高要求：禁止使用计算器，要独立计算，会使用书本自学。

学生带着问题自学书本后，进行了交流反馈，教师随机板书竖式 1.1×1.95，让学生说出竖式计算的书写要点。教师在书写时，故意将 1.1 与 1.95 的小数点对齐，让学生随机进行小数加减法与乘除法的方法比较，并利用书本内容（特别是虚线方框中的思考过程），随机抽查学生的自学能力，在处理积的小数位数这一教学难点时，教师又设疑问难，不断追问如何利用 11×195 的积"2145"得到 1.1×1.95 的积，小数点应该点在哪里，理由是什么。随着师生间不断的追问、思考、补充、完善，学生探索得到了小数乘小数的计算法则。

我以为，数学课堂是师生智慧和人格生成最为活跃的场所，而自主、合作、探究的学习方式能够使数学课堂散发出永久的魅力。从这个角度去分析，开放的计算教学过程改变了传统的封闭式教学中"把信息从一个地方传递到另一个地方"的单向过程，使教学交流更加多元、立体，更能促进学生充分、全面地发展。两次开放的探究活动，目标指向明确，都是在实际的问题情境中，让学生运用原有的知识经验自主估算、口算、笔算，在培养学生的估算能力、计算能力的同时，帮助学生灵活掌握小数乘小数的算理算法。

二、提供素材的丰富性：有效探究的依据

数学课堂上的探究活动，一般教师都会提供学习素材，主要包括教师在课堂上必备的演示教具和学生探究活动必需的学具等学习材料。素材的丰富性，正是开展有效探究活动的依据。

一位教师在教学"角的认识"时，在尝试制作角、感知角的特征环节中，每组提供了以下实验素材：小棒、黄色硬条、圆形纸片、毛线。要求学生"当一回小小设计师"，制作一个数学上的角。

小组活动时，学生兴趣盎然，有的同学用小棒搭成了一个角，有的同学用硬条交叉一放，也形成了一个角，有的同学用圆形纸片折成了一个角，还有的学生甚至用毛线做出了一个角。接着，教师请一个学生上台演示了用毛线做成角的过程。因为毛线是柔软的，用毛线拉成一个角，很多学生并不容易理解。因此，教师利用这一素材，不断丰富探究的内涵。

首先，教师模仿有些学生用毛线拉了一个"角"，让学生判断是不是角。学生都说不是，为什么呢？学生都说角是尖尖的，可教师拉的毛线的头是圆圆的，所以不是角。教师又将一条边拉直，另一边仍旧弯曲，让学生判断，学生仍说不是。一条边不拉直为什么不能成为角？学生认为，角的两边应该是直直的。最后，教师邀请一位学生上台合作，教师拉住毛线的头，学生把两条边拉直，继续让学生判断，学生认为还不是角……原来，学生与刚才用小棒搭的角进行了比较，认为所谓角，不光要两边直，而且头上还要尖。于是，教师放手让同桌合作，一起来用毛线做一个角。最后，闭上眼睛，想一下，角是什么样子的。

不难看出，这一教学过程就是一个师生合作交流的过程。这个环节较好地处理了师生之间的交流、生生之间的交流，巧妙地利用了小组学习、活动游戏等方式，促进了学生间的合作与交流。在进行探究活动时，教师针对学生难以理解的内容，欲擒故纵，大胆放手。一方面让学生在做角的过程中，感悟角的特征，掌握角的特点，使探究性学习真正为突破难点服务；另一方面提供了比

较丰富的实验材料，尤其是对毛线的巧妙利用，很好地利用这一素材挖掘了角的内涵，点亮了教学细节，帮助学生正确理解了"角的顶点（尖尖的）"、"角的两条边（直直的）"。在学习的过程中，培养了学生合作的习惯、交流的能力，更好地促进了学生思维的发展。

三、资源整合的合理性：有效探究的着力点

目前，小学数学课堂上的资源分布呈现出一种关涉多极、空间无限的立体状态。数学课堂上的资源整合，应包括三方面内容：一是教师为了完成教学任务而选择的一些资源，二是来自学生的资源，三是在课堂上生成的资源。但这些资源并不是都可以直接为教师所用，需要教师课前根据教学需要分析、判断并作出选择。在数学生态课堂中，资源整合的合理性是有效探究的着力点。

有一位教师在教学"同类量的合并和比较"时，在拓展练习环节，要求学生利用教室环境进行信息收集，可选择师生人数、课桌张数等信息，要求记录为2类：直接条件信息，如男生有（　　）人；间接条件信息，如女生有（　　）组，每组（　　）人。在此基础上，学生尝试着提出问题，如全班有多少人、课桌有多少张等。学生通过具体的情境图，发现要解决的是师生外出旅游问题。因此，课桌的张数这个信息显然无关紧要。于是，编出了以下应用题：

老师带我们去春游，男生共去（　　）组，每组（　　）人。女生共去（　　）组，每组（　　）人。一共去了多少学生？师生一共多少人？

为了便于快速统计出一些数值，教师在学生座位的安排上分别让男生和女生单独成组，以便得出男、女生各有几组，每组有几人。而听课老师的座位安排是不固定的，所以很多学生直接用数数的方法得到。在整理相关信息的基础上，学生选择策略（口述是同类量的合并还是比较）——并列式计算，解决问题。

数学课程标准要求学生"具有收集、整理信息的能力，能合理加工信息并提出简单的数学问题，能根据信息之间的内在关系寻找解决问题的有效方法"。从中可以看到，教师非常重视对数学知识的精选、对学习资源的有效利用。教师在寻求策略的过程中，始终让学生明白：在真实的情境中，相关的信息很少是有条理地呈现在面前的，所提供的信息恰好对应所要解决的问题的情况很少，学会对信息进行整理就显得至关重要。而值得提及的是，学生在生态时空中的

感悟是一种高度个性化的心智活动，是学生主体对外部知识、信息的深层内化，是学生对资源信息的重新选择、组合和建构。通过学生自己收集信息、整理信息、提出问题、寻求策略直至解决问题，体现了让数学回归生活本真、学以致用的理念。如果没有教师课前对教学内容的深入挖掘，就不可能巧妙地让来自课堂上师生真实的信息资源为教学所用，从而达到发展学生数学思维、提高学生数学能力的目的。

四、生态因子的动态平衡性：有效探究的关键

从生态学的视角看，课堂构成了一个微观的生态系统。任何一个和谐的生态系统，每一生态因子都会按自身固有的规律自由地生长、发展。联系我们的数学课堂，就是指教师、学生、环境三者之间形成的一种动态平衡关系。生态课堂上的探究活动，正是基于生态因子的运动特点，从不平衡到平衡再到不平衡。如此循环往复，三者相互依存，相互制约，呈多元互动的协进关系。

不妨再以"同类量的比较和合并"一课为例。教师在最后一个环节安排了以下练习：

此次春游共去学生（　）人，老师（　）人。现在有两套票价，你觉得应该采用何种票价比较合算？

"中华恐龙园票价"A　　　　　　"中华恐龙园票价"B

（1）学生：30元/人　　　　　　团体票价（大人小孩均32元/人）

（2）大人：60元/人

在该探究活动中，教师要求以小组为单位，运用刚才计算得到的师生人数来解决生活中的旅游问题，到底采用何种门票比较合算，显然是要看哪种票价花费的钱少。学生兴趣盎然，通过计算、比较、思考得出结论，采用B套票价比较便宜。问题似乎得到了解决，学生露出了喜悦的表情。此时，教师又抛出了这样的问题：如果教师人数发生变化，什么时候，采用A套票与B套票比较接近？一石激起千层浪，学生又睁大了眼睛，思维得到了深化。原来的问题通过学习，找到了应对的策略，问题解决了；课末，又产生了新的问题……于是，从不平衡到平衡又到不平衡，生态因子正在不断地碰撞、激活……

应该指出的是，依据生态位原理，每个学生在数学课堂生态系统中，都应

该有一个相应的位置，这与学生自身的能力、气质、性格、自我效能感等主观因素有关。对此，教师的作用就是在安排探究活动时，要想方设法地使每个学生这个生态因子在原有的基础上发挥出最大的学习潜力，多角度、多层次地调动他们的学习内动力，形成学习的内驱力，使生疑、质疑、释疑形成一条可持续的生态链，促进学生思维品质的提升。

五、载体介入的适度性：有效探究的参照系

进入信息社会，不难发现，教师教学手段在日益更新，如采用多媒体辅助教学提高课堂教学效果。在课堂上，播放一些课件可以增强数学教学内容的直观性，给学生提供大量的信息资源，拓展学生的思维空间，增加课堂练习的容量。但是，现实的数学课堂教学中也有些弊端不容忽视。例如，多媒体使用不当，容易喧宾夺主，教师被课件牵着鼻子走，学生的学习主动性不能很好地体现出来，反而影响了学生的创造潜能。何况，生态的数学课堂强调低碳性，崇尚简单的学习环境，它不排斥一些必要的辅助教学手段，但讲究载体介入的适度性。

一位教师在教学"认识三角形"一课时，在判断任意的三条边是否可以围成三角形时，教师出示了课件：下面每组三根小棒，能围成三角形吗？为什么？

四组依次是6厘米、7厘米、10厘米，6厘米、3厘米、10厘米，3厘米、7厘米、10厘米，14厘米、8厘米、3厘米。学生初次判断后，对于第三组有了争执，有的认为可以，有的认为不可以。教师先让学生利用小棒操作，在小组里交流一下，学生的意见还是不太一致。接着，教师用课件演示了3厘米、7厘米、10厘米一组为什么围不成三角形的过程，学生终于信服了。而最后一组，学生一下子判断出不能围成三角形。那么，"如果最长的一条边可以变化，怎样就可以围成三角形呢"，教师不断追问着。接着，教师出示了三根小棒的实物，拿起了剪刀，开始剪，学生睁大了眼睛。教师趁机请一名学生上台来操作，当14厘米依次减少到13厘米、12厘米、11厘米、10厘米、9厘米、8厘米……时，其余的学生似乎有了新的发现。他们在思考，这道题中，当两条边8厘米、3厘米固定后，还有一条边可以有多少种情况。

从这个环节的设计，可以看出载体介入的适时、适度和实效性。由于在前面的教学环节中，学生根据动手操作的经验，已经获得了给任意三条边，并不一定都能围成三角形的初步印象。但是，怎样的三条边才能围成三角形呢？学

生对此并没清晰地了解。于是在判断时，教师先出示课件，让学生观察，凭借给出的数字直接判断。而最后一道习题中，给出的三条边是 14 厘米、8 厘米、3 厘米，在出示实物可以改动最长边的情况下，教师利用直观演示，让学生观察思考，进而真正把握围成三角形的三条边的长短关系。在这里，我们可以看到现代教学手段与传统教学手段的完美结合，多媒体的适当演示突破了教学难点，师生简单的动手操作激活了学生的思考，在生生和师生间进行互动交流，既验证了课本的结论，又激发了学生的好奇心和探究欲。可见，生态的小学数学课堂，载体的介入是适度的，它是有效研究的参照系。

基于上述一些思考，我以为，在小学数学生态课堂探究活动中，学生是探究活动的主体，是创造者。教师要努力营造生态的氛围，构建促进学生思维发展、个性发展的场域，适时地引导和点拨，促进学生对数学知识的理解、对数学思想方法的内化，形成积极的情感态度和价值观，让课堂真正成为师生享受学习生活的幸福的精神之旅。

给数学课注入一些"生态的元素"

—— 苏教版四年级下册"倍数和因数"课堂教学案例

2011 年 4 月 14 日，我在张家港市兆丰小学举办的张家港市"小学数学生态课堂的实践研究"课题协作研讨暨课题中期成果汇报活动中执教"倍数和因数"一课。

课堂是教育情境中人（教师和学生）与环境（教室及其中的设施）互动而构成的基本系统，常被人看做是一个独立的生态系统。小学数学生态课堂强调自然和谐的教学氛围，关注学生自主学习，重视多媒体设计的实用性、适用性、低碳性，追求各种教学资源的有效整合与合理利用。现以苏教版小学数学义务教育课程标准实验教科书第八册第九单元"倍数和因数"一课为例，谈谈自己的一些实践与思考。

"倍数和因数"这一单元安排在学生已经掌握了许多自然数的知识之后，系统地教学分数的意义和性质之前，是在学生已经学习了乘法和除法的基础上进行的。通过对本课的学习，可以使学生进一步丰富自然数的知识，了解自然数之间存在的倍数与因数这种相互依存的关系，体会自然数都有因数，而且不同自然数的因数个数是不同的。这些内容将为以后进一步学习分数知识作必要的铺垫。

备课时，我通过研读教材，分析学情，确定了以下教学目标：

（1）通过活动建构、小组学习的形式，帮助学生理解倍数和因数的实际意义，掌握找一个数的倍数和因数的方法，发现一个数的倍数、因数中最大的数、最小的数及其个数方面的特征。

（2）让学生初步意识到可以从一个新的角度来研究非零自然数的特征及其相互关系，培养学生观察、分析、抽象概括能力和自主学习能力，使之体会数学内容的奇妙、有趣，产生对数学的好奇心。

（3）通过学习，加强因数与倍数之间的联系与区别，适时渗透数学文化，发展学生的数感，增强学生对数学学习的美好情感。

为了把自己的课题研究真正融入课堂，使课堂力求体现生态，我进行了限制因子分析。生态学的耐度定律告诉我们：生物在一定环境中生存需要多种生态因素，当某种生态因素处在低于临界线或超过最大忍受度的情况下，就会起到限制因子的作用，影响生物的生存和发展。课堂教学同样如此。在本节课中，涉及的生态因子有教师、学生、环境和多媒体等。教师"教"得过度、环境过分花哨、多媒体播放过分频繁、画面过于热闹，就变成了限制因子。要使限制因子变成"有益因子"：在课堂上，教师精讲多练，强调学生小组学习的作用，发挥每个学生的学习主动性。环境布置简洁大方，多媒体设计简约有效，真正为课堂教学服务。教师教学准备充分，学生的学习用具课前发放好。

同时，我还进行了生态环境设想：为了创设良好的生态环境，课堂上需要一定的彩光，但是要使全班同学都能看到前面的投影仪、课件。为此，教室前面四排的窗帘需要拉上，后面的窗户可以打开。课件中有音乐播放，多媒体的音响效果要好，音量要适中。为了控制生态课堂中的颜色，全班学生统一穿校服。阶梯教室的环境布置应简洁大方，黑板上没有除数学课以外的信息干扰。上课时室外温度比较适宜，因此不需要打开空调。另外，在教学过程中安排了小组学习，学生的座位按照 6 人小组呈 U 型摆放。教师的讲台与学生的座位之间应该有适当的距离，能够使教师在教室里顺利地巡视指导，听课教师不能挤在学生小组的中间，也不能坐在讲台旁边，以免影响学生的视线。所有教师的通信工具调成震动状态，上课期间不接听电话，不随便议论，以免影响学生的听课情绪。

课前，教师随机播放本班学生在校园里学习、生活、活动的图片，让每个学生介绍学校、班级、自己，说说自己在班级中的的好朋友是谁。教师强调，谁是谁的好朋友，两个人是相互的。在我们的数学知识中，也存在这样一种相互依存的关系。

一、意义建构

师：用 12 个小正方形摆成一个长方形，想想看，有多少种不同的拼法？每排分别摆几个？摆了几排？用乘法算式把自己的摆法表示出来，在小组里交流。

学生动手操作，小组内观察交流：一共有多少种不同的摆法。

集体反馈交流，根据学生的回答，教师出示相应算式：$4×3=12$，$6×2=12$，$12×1=12$。根据算式，要求学生猜摆法，每行摆几个，摆几行。多媒体依次呈现下面图 1、2、3（通过学生比较两个图形是旋转得到的之后，课件渐渐隐去每组右边的一个图形）。

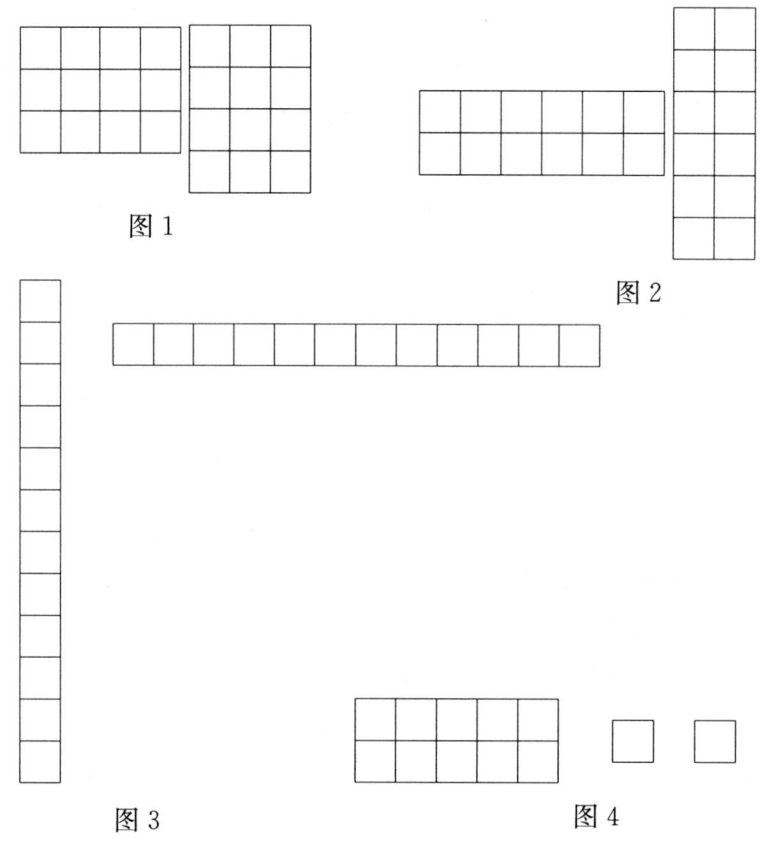

图 1

图 2

图 3   图 4

师：（追问）每排能摆 5 个吗？

随着学生的回答，多媒体出示相应的图示及文字（见图 4）让学生观察，如果每排摆 5 个，摆了 2 排，会多余 2 个，所以，12 个小正方形摆成一个长方形，每排不能摆 5 个。

根据图示，帮助学生理解倍数和因数的实际意义。以第一道乘法算式为例，$4 \times 3 = 12$，让学生根据课前谈话中谁是谁的好朋友，尝试着说一说数学中谁是谁的倍数。那么，3 和 4 是 12 的什么数呢？先猜一猜，再让学生看书回答。根据学生的回答，完整出示：$4 \times 3 = 12$，12 是 4 的倍数，12 也是 3 的倍数，4 和 3 都是 12 的因数。板书课题：倍数和因数。为了研究的方便，看看书上还强调了什么。（我们所说的数专指不是零的自然数）教师补充板书：非零自然数。

学生尝试根据 $6 \times 2 = 12$，$12 \times 1 = 12$，说说谁是谁的因数、谁是谁的倍数。同桌每人说一个。

师：（追问）刚才我们能不能只讲 12 是倍数，12 也是因数？（举例：听课的时候，老师发现教室里来了一位家长，能简单说哪一位是爸爸，哪一位是儿子吗？）强调倍数和因数是相互的，这是我们这节课学到的又一个新知识点。

学生完成想想做做 1：根据算式，说说哪个数是哪个数的倍数，哪个数是哪个数的因数。$11 \times 4 = 44$，$60 \div 12 = 5$，$9 \times 9 = 81$。

二、新课展开

师：（出示例题）你能找出多少个 3 的倍数？

学生尝试写出 3 的倍数，写好后在小组里说，并思考找倍数的方法。教师请一名学生板演。

教师讲评作业，交流找一个数倍数的方法。预设：学生有的想乘法（或直接采用乘法口诀），有的想除法。

学生尝试写出 2 的倍数、5 的倍数、10 的倍数。教师指名板演，讲评作业。

学生比较 2、3、5、10 的倍数，说一个数的倍数有什么特点。

教师在学生交流的基础上，完成板书填写：一个数最小的倍数是它本身，没有最大的倍数，一个数倍数的个数是无限的。

三、方法迁移

教师出示例题：你能找出 36 的所有因数吗？请每个学生独立尝试练习。

学生完成后在小组里交流，说自己是怎么想的。

教师预设：可能会有以下几种情况：

(1) 2，4，6，12，18，36（没有找全）。

(2) 1，2，3，4，6，9，12，18，36（完整且有序）。

(3) 1，36，2，18，3，12，4，9，6（一对一对找）。

(4) 1，2，3，4，6，6，9，12，18，36（出现了两个6）。

学生完成后同桌交流：怎么找，才能有序、不重复、不遗漏？教师收集学生的典型作品，并指名三名学生板演。

教师讲评学生习作，要求学生思考：怎么找才能既不重复又不遗漏？

师：（追问）你觉得找36的因数时，为什么找到 $36 \div 6 = 6$ 就不要找了？（教师趁机出示刚才操作活动中 $4 \times 3 = 12$ 的长方形图示，两个因数几近相等，就接近一个正方形）

学生完成试一试：尝试找10的因数、16的因数、1的因数。

学生比较10、16、1的因数，总结一个数的因数有哪些特点，并在小组里交流。

师：（在学生交流的基础上，总结并完成板书）一个数最小的因数是1，最大的因数是它本身，一个数因数的个数是有限的。

师：（追问）为什么一个数最大的因数是它本身、最小的是1？（结合学生的回答，出示操作活动中 $1 \times 12 = 12$ 的图示。观察1是自然数的单位，共有12个正方形，最大的因数就是12，就是它本身）

学生根据板书中10的倍数与10的因数，说有什么新的发现。

教师请学号是10的同学回答：10的最小倍数是（10），10的最大因数是（10）。请学生仿照他的样子用自己的学号说说这两句话。

师：（追问）根据刚才的学习，我们是否可以说一个数的倍数一定大于这个数的因数？为什么？

四、当堂检测

多媒体出示判断题，学生练习独立思考，口答：

(1) 因为 $2 \times 4 = 8$，所以2和4是因数，8是倍数。（　　　）

(2) 25的因数有1，5，25。（　　　）

(3) 30以内6的倍数有6，12，18，24，30…（　　　）

(4) 一个数的倍数一定大于这个数的因数。（　　　）

教师组织全班反馈，重点让学生说一说判断题中错的理由，并及时纠正。

五、课堂拓展

1. 介绍一个数——完美数

师：让学生用最快的速度说一说 6 的因数。（多媒体演示，把 6 画去，1＋2＋3＝6，又回到了 6 本身）正因为这样的数很特别，所以数学家们将具有这一特点的数称为完美数。6 就是第一个完美数。随着背景音乐，依次呈现以下完美数：6，28，496，8128，33550336，8589869056…

师：边播放多媒体，边讲解：到 1999 年，人类共发现了 38 个完美数，其中第三个完美数到第四个数的发现之间用了 1000 多年。完美数不仅因为少见，更因为它"美"，比如，迄今为止发现的完美数，全是双数；除 6 之外，每个完美数中的数字反复相加的最后结果都是 1，比如 28，2＋8＝10，1＋0＝1，再比如 496，4＋9＋6＝19，1＋9＝10，1＋0＝1；每个完美数都可以表示为一组连续自然数的和，比如 6＝1＋2＋3，28＝1＋2＋3＋4＋5＋6＋7，496＝1＋2＋…＋31，8128＝1＋2＋…＋127 等。完美数的发现就是从因数起步的，数学就是这样神奇，每个知识都能打开一个无限神秘的世界。

2. 推荐一本书

师：史学家通过考证发现，时间单位的进率之所以定为 60，是因为在 100 以内的自然数中，60 的因数最多。时、分、秒之间的进率定为 60 竟和因数的个数有着密不可分的联系，数学的奇妙有时真是让人难以置信！因数和倍数领域中类似的数学现象比比皆是。老师向大家推荐一本《数字王国》。请大家观看视频。

六、课堂总结

师：通过这节课的学习，你有什么新的收获？闭上眼睛想一想，再与大家交流一下。

教师出示快乐大转盘的比赛规则：如果转到的是中间数的因数，算你赢；如果转到的是中间数的倍数，算老师赢；如果转到的既不是中间数的倍数又不是中间数的因数，平局。

学生开始游戏。

课毕。

14. 数学课堂有效对话的思考与实践

余　颖

对话，词典上的解释是"指两人或多人间的谈话"。小学数学课堂中的对话，是指师生为了实现数学课程目标，通过教师与学生、学生与学生的相互启发与讨论，促进理解、催生创造的过程。积极有效的对话不仅可以增进师生间的理解与认同，促成有意义的学习，同时对融洽课堂氛围、提高教学效率、促进学生社会化等也具有举足轻重的作用。

巴西著名教育家保罗·弗莱雷认为，教育具有对话性。从本质上说，教学应该是一种对话活动。然而，不能将课堂中的"讲话"、"谈话"、"讨论"简单地等同于"对话"。对话具有精神性，是一种双主体活动，建立在对话基础上的是宽松的氛围，平等的人际关系和彼此间的信任、理解与尊重，是"从一个开放的心灵到另一个开放的心灵之话语"（马丁·布伯语）。对话还具有意义生成性，理解是对话的前提，对话以理解为基础，并通过理解达到视界的融合；理解也是对话的归宿，对话的目的就是在相互理解的基础上克服视阈局限，扩大视界，促进双方共同完善和提高。真正的对话，总是伴随着创造的火花与睿智的思想的。

那么，在小学数学课堂中，如何才能实现真正有效的对话呢？

一、问题引导

小学数学课堂中的对话总是以问题为引导，围绕着师生双方共同感兴趣的话题展开的。合宜的问题，不仅有利于对话的展开，而且有利于将话题的探讨进一步引向深入。这就对数学课堂中的问题提出了要求。

一般来说，能够引发对话的问题应该是真实的、开放的、含有适度挑战性的。真实的问题让儿童感受到数学的可信、可用、可亲，它是引发思考的前提、产生对话的基础。开放的问题会为对话注入活力，形成多向的思维通道，让不同的人从不同的角度对问题加以审视和辨析。难度适宜、富有挑战性的话题可以为学生的数学思维提供广阔的空间，引领学生进入数学对话的佳境。

例如，在复习"多边形的面积计算"时，笔者设计了以下几组问题展开教学。

第一组问题：

问题1：回想一下，我们学习了哪些平面图形的面积计算？联系各图形面积公式的推导过程，用你认为合适的方式整理出来。

问题2：我们在小组里互相说一说，都整理了些什么，是怎么整理的。也听一听在同学的想法中，有没有你没想到的。

在小组交流的基础上，再进行集体交流。突出以下几个关键点：①各多边形面积计算的公式；②各多边形面积公式的推导过程；③学生自主整理中出现的不同的整理方式（表格、网格图等）；④集体归结到用网格图的形式简明地表达各图形面积计算推导中的联系；⑤评价聚焦于学生自主整理的内容，聚焦于自主复习的内容和方法。

第二组问题：

（出示四个图形）

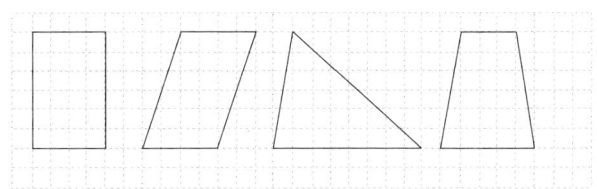

问题1：观察这四个图形，你有什么想法？

学生自由阐述后，计算四个图形的面积。

问题2：它们怎么会面积相等呢？三角形、梯形的面积不都是要除以2的吗？

问题3：如果要画一个三角形，它的面积是平行四边形的一半，你能行吗？用最快的速度在方格纸上画出一个这样的三角形。

问题4：在你画的这个三角形上，再画一个和它同底等高但形状不同的三角形，行吗？

问题 5：（展示学生画的图，并用不同角度的阴影描画、观察）这两个三角形的形状不同，但面积相等。再仔细看看这里的三角形，是不是又能发现什么？

得出：下图 A、B 这样的"蝴蝶翅膀"面积相等。

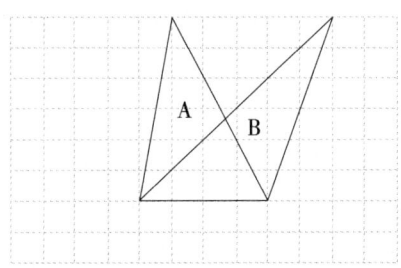

追问：这个，你原先想到了吗？

问题 6：（出示下图）要求图中阴影部分的面积，你希望老师提供给你哪些数据？

问题 7：提供这两个数据，能解决问题吗？

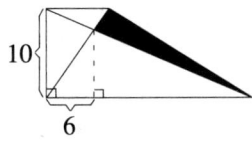

第三组问题：

回顾前面的作图要求：画出一个面积是平行四边形面积一半的三角形。

问题 1：面积是平行四边形的一半，只能是这些底 4 厘米、高 6 厘米的三角形吗？

问题 2：多想一想，就出现了这么多的情况。这既不等底又不等高的三角形，面积怎么就相等了呢？

第四组问题：

问题 1：回到刚才观察的四个图形，我们已经计算验证过，它们的面积都相等。仔细观察，这个三角形和梯形，它们面积相等吗？为什么？

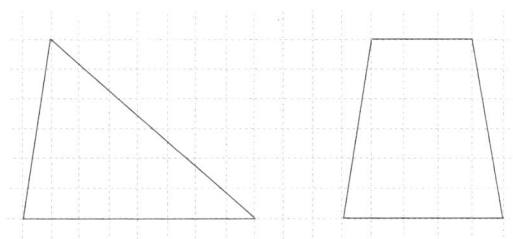

动画演示：梯形上底缩短一格，同时下底延长一格。

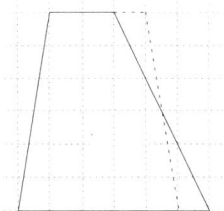

问题2：仔细观察，现在的这个梯形和原来的梯形相比，有什么联系？

动画演示：继续变化梯形，上底再缩短一格，同时下底再延长一格。

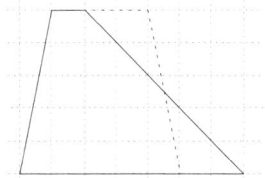

问题3：想象一下，这样继续下去会怎样？

根据学生的回答，动画演示：梯形上底缩为一点，下底延长，成为一个三角形。

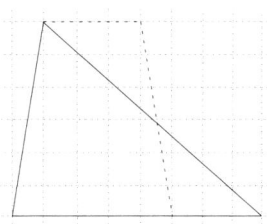

问题4：你怎么知道这个三角形和原来的梯形面积相等呢？

问题5：这样看来，梯形面积的计算，并不见得一定要转化成平行四边形来推导。它也可以转化成三角形，根据三角形的面积计算方法来推导。这提示我们，是不是还有其他推导方法？

择机介绍刘徽并动画演示《九章算术注》中的推导过程。（最终成图如下）

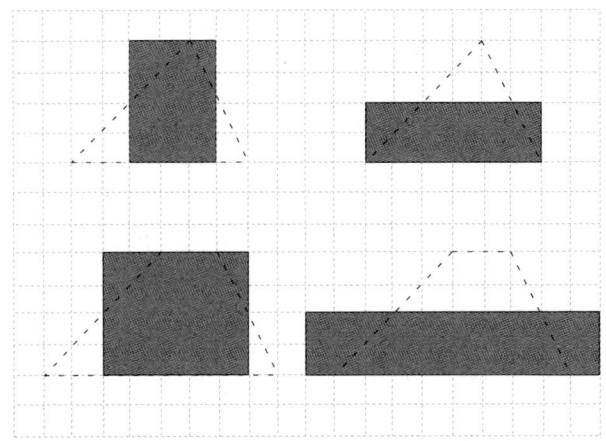

问题6：用这样的方法，又可以把三角形和梯形转化成什么图形？

问题7：看出来没有，不论是刚才的梯形转化成三角形，还是三角形、梯形转化成长方形，它们之间有什么相同之处？

小结：这种割一块、补一块的方法，也就是我国魏晋时期数学家刘徽所说的"以盈补虚"、"出入相补"。（出示）

问题8：那么，大家有没有想过，为什么这些图形可以切切补补拼拼，变成已经知道面积计算方法的图形来推导出它们的面积计算公式呢？

以上四组问题，涵盖了三个维度的指向：第一维度指向理清认识，在基本知识点的梳理中暴露误区，形成正确的认识；第二维度指向求通达融，"内通"认识成框架，"前通"结构找归依，"后通"节点促生长；第三维度指向思考所得，通过难易适度的问题和恰当的方法指导，让学生不断获得思考成功的体验。

二、多向互动

尽管我们口中都讲着"以学生为主体"，却又分别在用不同的行为诠释着对这句话的不同理解。没有互动的课堂在现实中屡见不鲜，这主要表现为学生主体性在课堂中的丧失。

课堂上的互动，主要包括师生互动和生生互动两个方面。和小学生对话，教师应当"蹲下身来"，并保持开放、平等的心态。数学课上的对话，应当努力建立在"愤"、"悱"状态下，是兼具"和"、"易"、"思"，其乐融融的教育场景。

生生间的互动需要教师认真研究符合小学生对话特点的、符合数学学科特点的、符合课堂这一特定情境的对话特征，着力解决小学数学课堂中言不由衷、词不达意、有口无心等表达缺陷，着力营造安全的对话氛围，着力建立有序的对话机制，提高对话的品位和质量，使课堂成为师生生命活力焕发的摇篮。

有效的多向互动，需要教育教学的智慧，也需要教师掌握一定的教学技艺和操作程序。一般来说，在良好的问题为开端、独立思考为前提的基础上，教师需要思考生生互动中的一些指导策略。例如在组内交流时，对中心发言式、指定发言式、唧唧喳喳式、两两配对式、切块拼接式、接力循环式等不同讨论方式的采用。再如在组际交流中，阐述、倾听、理解观点时的组织和引导，以及其后的肯定、补充、质疑、批驳等交流方式的良性建立。又如在集体认同阶段，对组际交流内容进行回顾、整理和反思时的操作策略。当然，教师也需要思考与学生互动的对话方式，如开门见山式、故作糊涂式、启发引导式、顺势牵引式等方式适时适度的使用。

例如在教学倒数时，我首先问学生："知道什么是倒数吗？"学生果然"知道"——倒数，就是倒过来的数，不仅知道，还能举分数的例子说明。这时的学生是"自以为知"的。于是，我又抛出两个问题："0.8、0.18这样的小数有倒数吗？""8、18这样的整数有倒数吗？"一石激起千层浪，学生迅速展开了激烈讨论。在师生、生生对话的过程中，学生开始意识到原先认识的不准确、不全面，由"知"转向"不知"。据此，教师进一步引导学生观察讨论过的几组倒数，寻找其共同之处，为学生正确概括"倒数"的定义提供有效的帮助，使得学生由"假知"迈向"真知"。这样的对话策略因经历了起、承、转、合的过程，对培养学生的数学情感以及促进学生的反思无疑都会起到重要作用。

课堂对话是完成教学方法和信息反馈的桥梁。通过课堂对话，可以激发学生的学习兴趣，促进思维和发展智力；通过课堂对话，教师可以迅速捕捉到学生的认知能力、教学目标的辐射程度、学生对知识的承受能力以及教学所产生的效应，进而及时改进教学方法。所以，有效的互动与对话，不仅具有交流功能和理解功能，同时兼有反馈功能、调节功能和促进功能。

三、和而不同

有效的课堂对话，其实蕴涵着某些共通的因素。例如，在情感上，是人文的，是积极向上的，对学生充满了鼓励和期待；在信息的传递上，是准确的、快捷的，富含启示功能和引导功能；在氛围的布设上，总是将疑惑、愤悱、矛盾、激励等情境放在优先考虑的地位。这就很好地说明了数学课堂中的有效对话，并不是"随意的说话"，更不应等同于生活中的"聊天"。有效的课堂对话，是师生间围绕数学教学内容而展开的充满睿智的交流、提示、启发与沟通，洋溢着相互间的尊重与信任，充盈着师生间的期待与情感，是师生生命历程不可或缺的一部分，是教师教学智慧的结晶。

在对话的场域里，还应该保持开放的心态，愿意听取来自各方面的不同声音，包括反面意见；愿意变换视角，从他人的角度看待问题，即便别人的意见与自己的想法相左，也应该保持"我不同意你的看法，但我坚决捍卫你讲话的权利"的心态，尊重差异，尊重多样。

在教学"如何测量土豆、小石块等不规则物体的体积"这一内容时，我先布置学生回家思考，寻找合适的方法。等到课上问及此题时，有学生说："把土豆、石块放到水里。测量溢出的水的体积就可以了。"等这位学生说完，还举手的同学便寥寥无几了。

这一方法当然是正确的，但是我觉得这不应是学生全部的答案，于是试图用对话来引发学生对这一问题的不同思考。

师：测量溢出的水，那放土豆前水杯里是什么情况？

生：满的。

生：（边举手边迫不及待）不一定要满杯。

（我用鼓励的眼神看着他）

生：只要看水面上升了多少，就能算出来了。

生：如果是海绵，用水测量就不合适。

生：所有不能沉下去的物体都不能采用这一方法。

生：那不一定，用一根细针将物体按下去就行了，细针的体积可以忽略不计。

（大部分学生都点头赞同）

生：可我们现在讨论的是土豆啊。

生：我还有办法，把土豆切出一块 1 立方厘米的小正方体，放在天平上测出重量，再称出土豆的重量，看是 1 立方厘米的几倍，就知道这个土豆有几立方厘米。

生：也可以把土豆捣成浆，倒到容器里，量出体积，我想它的体积前后没有发生变化。

……

师：思考刚才的几种方法，大家依据的原理相同吗？

生：前两种方法都是把不规则的物体转化成规则的物体测量，而××（将土豆切出小正方体的学生）的方法是利用了大小土豆重量和体积的倍比关系相同来解决的。

适时的点拨和引导，将学生带入了更为开阔的思维空间，学生可以在一致的目标下，采取多样的探索和思考活动，这样做大大拓展了学生的发展空间，使对话成为不同观点交流、碰撞、融合、创生的载体。

对话，是师生之间、生生之间心与心的撞击、情与情的交融、意与意的理解。对话不仅注重学生内省的建构，关注处于不同状态的教师与学生在课堂教学过程中的多种需要与潜在能力，而且强化了作为共同活动体的师生群体在课堂教学过程中的双边多向、多种形式的交互作用与创生能力，所以必将越来越受到广大小学数学教育工作者的青睐和重视，对数学课堂中对话的研究也必将越来越深入。

课 堂 智 慧

有效对话，合情操作
——"三角形的分类"教学实录

【教学内容】

苏教版四年级下册第 26—27 页。

【教学目标】

1. 使学生能够按角的特征正确进行分类，并掌握各类三角形的特点。

2. 在观察、操作三角形等数学活动中，进一步培养学生比较、归纳、想象的能力。

【设计意图】

三角形的分类教学要解决三个问题：①让已有知识成为实现教学目标的有效基础。②在知识量的积累中实现质的飞跃。③和谐发展数学思维与数学能力。

教学前我在思考：要让学生清晰地进行三角形分类，就必须依赖学生头脑中各类三角形表象的建立，让学生动手剪一剪三角形，不仅能解决这个问题，而且能唤起学生对已经学习过的三角形知识的回忆。故此，才有了"谈话导入"部分的感受：温故，在操作中已经完成；知新，在观察中悄然开始。

教学活动是新知识、新技能、新方法积累的过程，其间需要学生观察、操作、探寻，需要学生整理、思考、归纳。

在本课教学中，我充分让学生经历这样一些过程，在给三角形分类的初级阶段，在"观察"中顺应学生的想法，教师点到为止；在"思考"中聚焦分类方法，思路顺理成章。

学生初步意识到三角形的分类标准后，教师充分考虑学生认识事物过程中存在的残缺与分歧，设计了分组交流个人想法、填写表格的环节，努力实现这一目标：消除分歧，让学生在操作中自我实现；明白事理，让学生在整理中自我完善。

至此，学生已经完成了三角形的分类和列表量化数据、突出各类三角形特点的方法。"再思"这一环节的设计，通过观察表格、设置疑问、计算论证、提炼归纳，实现了对三角形按角分类的科学结论，凸显了这一目的：再次思考，培养科学严谨的学习态度；最终归纳，实现螺旋上升的认识飞跃。

发展学生的数学思维与培养学生的数学能力应该是同步的、有机的、和谐的，数学教学常常通过设计"拓展问题"和"解决问题"来实现。本课也不例外，在"巩固深化"阶段，先以训练深化学生对新知的认识，获得方法；在游戏中，让学生对现象准确判断，形成能力；全课小结后，又以折纸活动掀起学习高潮，让学生在变化中综合所学知识，在拓展中，寻求思维发展。

【教学过程】

一、谈话导入

（学生出示课前自己剪的三角形，教师从中挑出 8 个贴到黑板上，如下图所示）

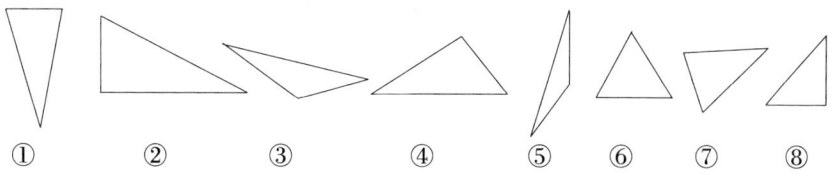

① ② ③ ④ ⑤ ⑥ ⑦ ⑧

二、探寻新知

1. 观察

师：看看这些三角形，再看看你们自己剪的三角形，这么多三角形，有没有什么不同呢？

生：它们有的是直角，还有的是锐角。

师：他的意思就是这些三角形的什么不同？

生：它们的形状不同、大小不一致……

（教师根据学生的回答，板书：角）

2. 思考

师：既然这么多三角形有这么多不同之处，我们是不是可以考虑把它们分分类呢？站在数学的角度，可以按什么标准来分呢？

生：分成直角的、锐角的和钝角的。

师：他是想按什么来分类？

生：按角分。

师：就是按角的特征来分，在三角形中可能出现的有哪些角？

生：可能有锐角、直角、钝角。

师：这样理一理，我们的思路似乎越来越清晰了。比如①号三角形，它的三个角分别是什么角呢？

（教师根据学生的回答，将①号三角形角的特征填在下表中）

三角形\\角个数	①	②	③	④	⑤	⑥	⑦	⑧
锐角个数								
直角个数								
钝角个数								

3. 操作

（每个小组观察其他三角形的情况，将结论填在上面的表中）

（交流反馈，统一意见：每个三角形各有几个锐角、几个直角或几个钝角？）

（对于有分歧的，让学生去比一比、量一量）

4. 整理

师：看看这个表格，再看看这些三角形，你发现了什么？

生：我发现这些三角形中有的锐角多，有的锐角少。

师：有的锐角多，多到什么程度？

生：有 3 个锐角。

师：有的锐角少，少到什么程度？

生：2 个锐角。

生：我发现这些三角形中的锐角至少有 2 个。

师：听明白了吗？她这话是什么意思？

生：这些三角形中都有 2 个或 2 个以上锐角。

生：这些三角形中锐角个数最多。

生：直角和钝角少，最多就 1 个。

生：当三角形中有钝角或者直角时，锐角就只有 2 个了。

生：我发现③号和⑤号都是有 1 个钝角和 2 个锐角，①号、⑥号和⑦号都是有 3 个锐角，②号、④号和⑧号都是有 2 个锐角和 1 个直角。

师：刚才我们找每个三角形中每种角各有几个是为什么？

生：按角来分类。

师：看看这个表格和这些三角形，你有什么想法？

生：可以把这些三角形分成三类。

（全体学生认同后，教师根据学生的说法在表格纸上涂三种不同的颜色来表示）

5．再思

师：再看看这个表格，你有什么疑惑吗？

生：怎么都有一些空格没填？

生：总共就3个角，锐角至少有2个呢，所以有些格子就空了。

6．延伸

（学生判断自己的三角形属于哪一类）

师：那么多三角形呢，难道就没有第四种情况了吗？有没有可能有2个直角1个锐角呢？

生：不可能。如果是两个直角，就是都往上升，就是四边形了。

师：（边说边演示）她这话是什么意思？怎么叫"都往上升"？

生：（共同想象）画一条线段表示三角形的一条边，如果有两个直角，另两条边的走向无法相交。

（学生想象是否还有其他情况）

7．归纳

（揭示三类三角形的名称并板书：锐角三角形　直角三角形　钝角三角形）

（学生回顾：什么是锐角三角形？直角三角形有什么特征？钝角三角形呢？）

三、巩固深化

1．连一连

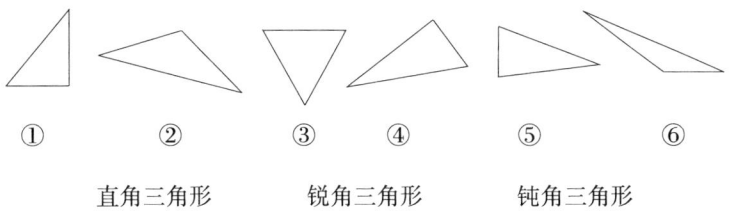

①　　　②　　　③　　　④　　　⑤　　　⑥

直角三角形　　　锐角三角形　　　钝角三角形

师：你认识这三个新朋友了吗？请给每个三角形找到适合它的名称。

（学生独立完成后，集体讨论）

生：①号我看它右下角的角是直角，它就是个直角三角形；②号我看它上方的角是钝角，它就是钝角三角形；③号我看它上面的两个角都是锐角，它就是锐角三角形；④号我看它上方的角是直角，它就是直角三角形；⑤号我看它左下角的角是个锐角，它就是锐角三角形；⑥号我看它左下角的角是钝角，它就是钝角三角形。

师：你们注意到没有，他在判断时与我们的方法有什么不同？

生：他只看了一个角。

师：他怎么只看一个角呢？就看一个角行不行？

（学生辨析后，都认可：所有三角形只要看最大的角是什么角，就能判断是什么三角形了）

2. 猜一猜

师：如果加大难度，只给你看三角形中的一个角，你也能猜出它是什么三角形吗？

（教师逐个出示三角形的一部分）

师：直角，什么三角形？

生：（齐抢答）直角三角形。

师：钝角，什么三角形？

生：（齐抢答）钝角三角形。

师：锐角，什么三角形？

生：锐角三角形。

生：（忽然醒悟）不能确定。三种三角形都有可能。

师：为什么三种三角形都有可能？

生：下面藏着的两个角，有可能有一个直角，也有可能有一个钝角，也有可能都是锐角。

（学生想象三种三角形的形状后，教师演示验证）

师：为什么只知道一个角，有时能确定是什么三角形，有时却不能确定呢？

生：锐角是所有三角形都有的，直角是直角三角形才有的，钝角是钝角三角形才有的。所以，看到直角、钝角都能判断，但只看到锐角就不行了。

3. 全课小结

师：关于这三类三角形，你有什么新的认识？有什么好的建议？

（生发言略）

4. 折一折

操作1：在平行四边形上画一条线，把它分成两个三角形。

（学生独立操作）

师：你分成了两个什么三角形？

生：我分成了两个锐角三角形。

生：我分成了两个钝角三角形。

（学生操作：同座两人一人把平行四边形分成两个锐角三角形，一人把平行四边形分成两个钝角三角形）

操作2：每人拿一个剪下的锐角三角形，把它折成两个直角三角形。

（学生操作，交流不同的折法，明确了沿着高折就能折成两个直角三角形）

操作3：每人再拿一个剪下的钝角三角形，画一条线段，把它分成一个直角三角形和一个钝角三角形。

（学生独立操作，尝试解决）

15. 故事：让数学不再"冰冷"

周智雄

有人说："数学是冰冷的美丽。"这句话曾被我奉为至理名言。当简单粗糙的教学方式遭到质疑时，我便举起这一"挡箭牌"。在日常的教学工作中，我态度认真，要求学生也一丝不苟，教学方式有无创新、学生是否感兴趣等问题，好像都与我无关。一旦有家长问起孩子为何厌学，我便理直气壮地回答："数学本来就是枯燥而艰深的，要不怎么称为'冰冷的美丽'呢？这是必修科目，由不得他喜欢还是不喜欢！"

"种瓜得瓜，种豆得豆"，"冰冷"的数学课堂，终于换来学生"冰冷"的回报——在学校的问卷调查中，全班孩子（包括我最器重的几个尖子生）无一例外都把数学列为"最不喜欢的学科"！这无异于当头棒喝，让我如梦初醒。痛定思痛，我琢磨：数学课一贯的"冰冷"面孔如果不改变，就难以唤起学生的学习热情。学生总觉得数学没趣、不好玩儿，我该怎样突破这一"瓶颈"呢？尽管报刊上登载过不少"简约数学"、"深度数学"一类的教学改革成果，但一一考量之后，我感觉都不符合班情。回顾与小学生打交道的往事，我突然有了主意——故事教学法。我深知，任何一个孩子都难以拒绝故事的魅力！尽管他们并不热衷于上数学课，但是，我推荐的《数理化通俗演义》、《数学斗智故事》等书，很多同学都爱不释手。我曾是汉语言文学专业的自考本科生，文笔也不赖，为什么不自己创编一些与课本同步的数学故事呢？

说干就干！此后，我尝试将数学知识融入娓娓动听的故事中，让学生不知不觉地走进抽象的数学王国。编写数学故事需要积累大量素材，我平常就特别留意身边的大小事，广泛阅读报纸，凡是与数学有关的东西都立刻记录下来，以备创作"数学故事"的不时之需。尽管如此，我有时还是很困惑：自己标榜的所谓"故事数学"教学法究竟有没有科学依据？有没有深入研究的价值？一想到这些，我就心里发虚。趁着在华东师范大学培训的机会，我请教了数学教育专家孔企平教授。孔教授认为，"故事数学"算是"情境教学法"的一种具体操作方式，有尝试研究的必要。他还给我推荐了《足球数学》一书，希望对"故事数学"研究有所帮助。

从此，我更是信心百倍！讲故事、学数学，我和学生都乐此不疲。

一、生活小事好亲切

"加、减法的简便计算"是令三年级学生十分头疼的问题，以前教学 375＋999、4425－2998 一类的简算，学生总爱忘记"多加了的部分要减去，多减了的部分要补上"的原则。这次，我将枯燥的计算题编入了《"久久久"与"发发发"》的故事中：

"丽丽同学已经积攒了 375 元零花钱，由于她学习成绩提高得特别快，春节时，奶奶给她准备了一个大红包——压岁钱 999 元，谐音'久久久'，老年人总想图个吉利嘛！现在丽丽共有多少钱？"

学生一听便来了兴趣，列出算式后，很快找到了简算的方法：把 999 看成 1000 元来加，再减去多加了的 1 元，即：375＋999＝375＋1000－1＝1374。我接着讲故事：

"丽丽的外公要给她发压岁钱了，他也选了个吉祥数字——888 元，谐音'发发发'呀！那么，丽丽现在共有多少钱呢？"

学生列出算式 1374＋888 后，有的把 888 看成 1000，再减 112 就得 2262；有的则把 888 看成 900 来加，再减去 12。孩子们对于计算的过程讲得头头是道，就像给自己算账，一点儿也不含糊。"多加了的部分要减去"的道理原来一点儿也不深奥！

这时，一个学生说："我在商场看到标价签上也有吉祥数字，如 2999 元、99.9 元。"我顺水推舟，继续讲故事：

"周老师身上有 7432 元钱，去商场买了一台 5999 元的电脑，还剩下多少钱？"

学生很快就说出了简算方法：将 5999 当做 6000 来减，再补上多减去了的 1，得 1433（7432－5999＝7432－6000＋1）元。

一旦用数学的眼光去观察和审视，你就会发现：平平常常的生活中，竟然蕴藏着丰富的数学资源。在数学故事中，我和学生由每天早晨的鞠躬礼研究

"角的度数"，由成年女性喜欢穿高跟鞋的现象研究"人体中的比"，由北京奥运会的开幕时间研究"吉祥数字趣题"，由警察抓小偷研究"数学推理"等。

二、虚构神话真"给力"

接连收到几位家长的求助："周老师，我检查儿子的作业，发现他弄不清小数点移动与小数大小变化的关系，该怎么办呢?"我让他们别急，容我细想对策。

第二天的数学课，我同四年级学生聊起了《小毛猴 PK 孙悟空》的"神话"故事：

"一只小毛猴听说孙悟空凭着'毫毛变金箍棒'的本事当上了齐天大圣，挺不服气，决心和孙悟空一决高低。见面后，两人各自从身上拔下一根毫毛，都是 0.009 米。且慢，请同学们先用手比画一下——0.009 米大致有多长。（学生用手比画 9 毫米）只见孙悟空轻轻吹口气，小数点就跑到了下一个 0 的后边，成了 0.09 米。请大家再次用手比画一下，他的毫毛现在有多长。（学生动手比画 9 厘米，并说长度扩大了 10 倍）此时，小毛猴大叫一声'变'，0.009 的末尾立刻增加了一个 0，成了 0.0090 米。（学生大笑，有同学着急地叫喊：他的毫毛长度没有增加，还是 9 毫米）接下去，孙悟空又吹了口气，小数点再次向右跑了一位，变成了 0.9 米；小毛猴再叫一声'变'，0.0090 的末尾再添了一个 0，成了 0.00900 米。 （学生又笑：小毛猴好笨啊，他的毫毛长度还是没有变）……"

一边讲故事，我一边在黑板上写出以下数据：

孙 悟 空	小 毛 猴
0.009 米	0.009 米
0.09 米	0.0090 米
0.9 米	0.00900 米
9 米	0.009000 米
每次将小数点向右移一位	每次在小数末尾添上一个 0

我接着讲："当孙悟空抢起 9 米长的金箍棒打过去时，小毛猴那 0.009000 米的毫毛如何招架得住，只得一命呜呼。想想看：孙悟空为什么能战胜小

毛猴?"

学生抢着说:"因为孙悟空掌握了'小数点每向右移一位,小数就扩大 10 倍'的特点,而小毛猴却不懂得'在小数末尾添上或去掉几个 0,小数的大小不变'的道理。"

故事讲完了,孩子们对孙悟空和小毛猴斗智斗勇的故事仍津津乐道;而"小数的性质"和"小数点移动与小数大小变化的规律"这两个难点知识也不知不觉地植入心中。当天,我并没有强求学生背诵课本上的这两个性质。可是,他们的作业效果却出奇地好!

期末复习,常常要做大量练习,因为没有什么新知识可学,所以师生常称之为"炒冷饭"。后来,我编写了《题有"三十六变",我有一双慧眼》的故事,将学生以前易错的习题收集起来,再"摇身一变"——要么增加一个无关紧要的"干扰"信息,要么将问题换一个叙述方式,检验学生是否还能把握问题核心正确解答。同样是做旧题,可练习的形式不一样——学生都成了神话世界里的英雄,"慧眼识妖,降妖除魔",新鲜而又刺激!

三、"最小公倍数"也可如此"浪漫"

"数的整除"单元有很多概念——因数、倍数、公倍数、公因数、质数、合数等,学生不易辨别。为此,教学"最小公倍数"一课时,我借用了报纸上的一个故事,做了一点点儿"数学化"加工:

"在风景如画的长江之上,许许多多的游船正忙碌地穿梭往返。帅哥小李是一艘游船上的水手,靓妹小刘则是另一艘游船上的技术员。小李所在的游船往来于武汉与上海之间,每 15 天返回武汉停泊一次;小刘所在的游船则往返于武汉与长江上游的重庆之间,每 12 天返回武汉一次。两艘船同时停靠武汉那一天,两人相识并相爱了。很快,他们又相互告别,同时开始了新的航程……"

孩子们听完故事,根本不用我发号施令,已拿起笔飞快地计算着两位恋人下次相遇的时间。当得出下一次相聚还需要等 60 天的结论时,孩子们都感叹不已。这时,我开始了新课讲述:"这里的 60,实际上是 15 和 12 的最小公倍数。想想看,当两人再次相聚时,男青年已经是第几次返回武汉?女青年又是第几次返回武汉?他们一年能有几次在武汉相聚?分别是在什么时候?……"这堂课涉及了倍数、公倍数、最小公倍数等复杂的概念,孩子们都掌握得很好。

四、班级掀起"数学故事热"

随着"故事数学"教学法的推行，我班学生已不再满足于听故事，而是争着帮我写故事"续集"，到后来，学生干脆自己编起数学故事来。为了写好故事，他们不得不提前预习课本内容，自学能力也有所提高。眼见孩子们对数学故事如此着迷，我立即在教育在线、新浪网建立了班级博客，为他们提供一个交流的平台。学生撰写的《我和表姐玩"大富翁"》、《我给全班算笔账》等文章，还先后发表在《少年先锋报》、《作文大本营》等刊物上。我也以"巴山蜀水一小舟"的网名在教育在线注册了自己的博客，与同行分享"故事数学"研究成果。很多报纸杂志也纷纷刊登我写的数学故事：《任意四边形的故事》刊登在《中国教师报》上，《赏校园美景，找数学规律》发表于《今日教育》，《让思维转个弯儿》刊登于《数学小灵通》，《帅哥与怪物》发表于《教育故事》，《超级退位》发表于《广东教育》等。

当然，最让我欣慰的是，孩子们对数学的态度终于由"冰冷"转为"火热"。我自己说了不算，有事实为证——最近两学期，学校照例在学生中进行了问卷调查，结果，"不喜欢"数学的人已寥寥无几。

数学故事，功不可没！

课堂智慧

《"100"不敌"60"》的故事
——香港新亚洲版四年级上册"因数"教学实录

2010年8月，我作为"教育部第六届内地与香港教师交流与协作计划"成员，到香港交流工作一年。初到香港，我便制定了以"故事数学"开启交流之门的规划——努力施展自己的故事"绝活儿"，赢得了学生的喜爱；同时，以"故事"会友，争取香港老师加盟"故事数学"研究。2011年11月11日，我在香港东华三院李东海小学四A班上了一堂公开课，内容是"因数"（香港课本与内地不一样——倍数与因数分开编排，学生上一课已经学习了倍数）。课堂上，我以《"100"不敌"60"》的故事开头，制造了"为什么60胜过100"的悬念，孩子们的探究欲望被激发出来；直至新课结束时，我再与学生一道运用因数的知识揭开"100为何不敌60"之谜——一个数越大，它的因数的个数不一定越多。

故事前后照应，情节曲折，对孩子有一定的吸引力，更重要的是能潜移默化地培养学生学以致用的习惯。以下是该课的教学过程。

一、故事引入，激发兴趣

师：（在黑板上写下两个数——"100"和"60"）看到这两个数，你联想到了什么？你比较喜欢哪个数？

生：联想到了考试成绩。当然喜欢100分啦！谁愿意得60分！（前一周，学校刚举行了"段考"——类似于半期考试，学生联想到考试成绩是很自然的事）

师：是啊，当这两个数表示考试成绩的时候，我想大多数人都会喜欢100。其实，作为自然数王国里的两个普通成员，这两个数的地位是平等的，100并不处处都比60受欢迎呢！

（学生一脸诧异，像是在说："100不如60？到底怎么回事？快说出来听听。"）

师：就拿我们常见的钟表来说吧！古时候，人类刚刚发明钟表的时候，为了一个问题而争论不休——1小时（分针在钟面上转一圈）规定为多少分比较合适呢？有人说60分，也有人说100分。争论的结果怎样呢？当然，现在我们都知道最后是60胜出，1小时等于60分嘛！可是，你知道人们为什么选择了60吗？

（孩子们被吊足了"胃口"，眼巴巴地望着老师，期待着答案）

师：别急，因为现在我即使说了，你们也不一定听得懂。接下来，我们一起学习"因数"一课，到时候你自然就会明白其中的奥秘了。

二、动手操作，初识因数

（教师出示学校小童军训练图片）

师：看啊，12名小童军正在操场上训练呢！他们按照教练的指挥，不断变换着队形（课件展示童军队排成1行、2行、3行等）。但是，不管哪种队形，每行人数都是相等的，整整齐齐。

师：教练遇到了一个难题：在每行人数相等的情况下，12名童军可以排出多少种不同的队形呢？你能帮他想想吗？

师：每种队形中，每一行有几人，排几行？请你用"○"代表童军，在纸上画一画。再根据你排出的队形写一个乘法算式。

（一名学生上台展示自己设计的队形，其他同学补充，要求与前边的作品不雷同）

队形1：每行6人，站成2行，$6 \times 2 = 12$（人）。（注：香港习惯上把竖排称为"行"，横排称为"列"，与内地课本正好相反）

队形2：每行4人，共3行，$4 \times 3 = 12$（人）。

队形3：每行2人，共6行，$2 \times 6 = 12$（人）。

○○○○○○
○○○○○○

队形4：每行3人，共4行，$3 \times 4 = 12$（人）。

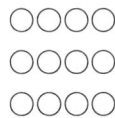

师：经过大家的努力，我们找出了四种队形。如果我们换个角度观察——从队伍右边看第一种队形，就成了每行2人，共有6行，同第三种队形一样了。同样的道理，如果我们从队伍左边观察第四种队形，就和第几种队形相同了？

生：第二种。

师：因此，以上四种队形可以合并为两种。

（教师整理板书）

$$6 \times 2 = 12$$
$$4 \times 3 = 12$$

师：除了这两种站法之外，还有别的吗？

生：我不知道每行站 1 个人算不算？

师：我们一起来看一看，这种站法是否达到每行人数相等的要求？

生：是。

师：既然达到了要求，这种队形自然应该算啦！用乘法算式怎样表示？

生：$1 \times 12 = 12$。

师：换个角度看，这种站法还可以说成是每行几人、共几行？

生：每行 12 人，共 1 行。

师：（指示学生观察黑板上整理后的 3 种队形和 3 个乘法算式）可以每行站 5 人吗？每行站 8 人呢？

生：不行，这样每行人数就不一样多了。

师：上一堂课我们已经知道：根据算式 $6 \times 2 = 12$，就说 12 是 6 的倍数，12 也是 2 的倍数。现在，我们把两个数之间的关系换个说法——6 是 12 的因数，2 也是 12 的因数。那么，根据 $4 \times 3 = 12$，谁是谁的因数？（学生个别说、同桌互说、小组齐说）

师：如果把倍数比作爸爸，因数就相当于儿子，爸爸和儿子是相互依存的关系，我们不能说"小王是儿子"——因为他可能是小小王的爸爸，而一定要说明小王是谁的儿子。同样，我们不能说"6 是因数"，一定要说 6 是谁的因数……

师：$12 \times 1 = 12$，那么谁是谁的因数？

师：12 是 12 的因数，这句话说起来有点儿拗口，不过数学上真是这么回事儿！12 也是 12 的倍数呢！打个比方就是：儿子不但要尊重爸爸，也要自重！长辈不但要关心孩子，也要爱护自己！所以，一个自然数既是自己的因数，又是自己的倍数。

三、用直观（画图）法找因数

师：请你用 8 个正方形摆成一个长方形，有几种不同摆法？请大家在方格纸上涂色，表示出你摆的长方形。（巡视指导）

师：很不错哟！还会用算式表示自己的摆法。你能根据算式说说谁是谁的因数吗？

（学生汇报；教师合并、整理出以下板书）

  $1 \times 8 = 8$

  $2 \times 4 = 8$

  8 的因数有：1、2、4、8。

师：请你像刚才那样用摆图形的方法，找出 20 的所有因数。

（学生在方格纸上涂色，教师巡视指导）

四、用列举（算式）法找因数

师：下面每组数中，谁是谁的因数？

2、3、5、8、10、20   3、5、18、20、36

（学生回答，相互补充）

师：谁能把其中的 36 的因数一口气说完？除了这些，36 还有其他因数吗？

师：看来，要找 36 的一个因数并不难，难就难在找出 36 的所有因数！你能不摆图形（画图），用别的方法找出 36 的所有因数吗？注意，一个都不能遗漏哟！你也可以与同桌合作进行。

［教师选取几份有代表性的作品进行展示：未找全的或有多余（错误）答案的；找全了，但排列顺序混乱的；有序、完整的。］

师：你认为第一个同学没找全的原因是什么？

生：找因数时不要一个一个地找，要一对一对地找。

师：第二位同学通过列乘法算式的方法来找因数，其他同学有用这种方法的吗？对于第二位同学的方法，你有什么建议没有？

师：用第三位同学的方法找因数有什么优势？

生：从最小的 1 开始试乘，从小到大排列，一目了然，不容易漏，也不容易重复。

（教师整理板书）

  $1 \times 36 = 36$

  $2 \times 18 = 36$

  $3 \times 12 = 36$

  $4 \times 9 = 9$

  $6 \times 6 = 6$

师：继续往后还有 9×4，12×3…为什么不写出来呢？

生：与前面的 4×9，3×12 出现了重复，所以不写了。

师：现在你能不重、不漏地找出一个数的所有因数了吗？试试找出 20 和 15 的所有因数。

（集体评点）

五、拓展练习，揭开谜底

师：你发现没有，上面这些数都有因数几？

生：1。1 是所有自然数的因数。

师：猜猜看：在 1－100 的所有自然数中，哪个数的因数最多？

生：我认为 100 的因数最多。

生：我认为 99 的因数最多。

……

师：我们来检验一下，看看到底谁的猜测是正确的。请第一组同学找出 100 的所有因数，第二组同学找出 99 的所有因数，第三组同学找出 60 的所有因数……

（各组派代表展示结果，最后，大家惊讶地发现：这几个数当中，60 的因数最多）

师：看来，一个数越大，它的因数不一定越多。60 就是一个比较特别的数，在 1－100 之间，它的因数最多。（另外，还有 90 和 72 的因数个数与它一样多）现在你能解开"100"不敌"60"的奥秘了吗？（课件播放）

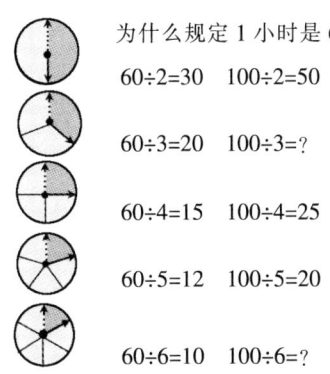

为什么规定 1 小时是 60 分而不是 100 分？

60÷2=30　100÷2=50

60÷3=20　100÷3=?

60÷4=15　100÷4=25

60÷5=12　100÷5=20

60÷6=10　100÷6=?

（学生各抒己见）

师：（总结）正如大家所说，60有多个因数（可以被较多的数整除），从而可以拆分成多种不同的时间长度，1小时可以看作2个30分钟、3个20分钟、4个15分钟、5个12分钟、6个10分钟等。而100拆成3等份或者6等份则不能得到整数的结果。这也是人们在很多场合不使用"十进制"、"百进制"，而使用"60进制"的原因！

师：通过《"100"不敌"60"》这个故事，我们还应该明白这样一个道理：60同100相比，虽然是个"小人物"，但60完全不必因此而"自卑"——60也有自己的优势（拥有的因数较多）。人与人之间的关系又何尝不是如此呢！只有扬长避短，才能取得成功。

16. 让学生做"儿童数学家"

缪建平

暑假期间，几位原苏州工业园区新城花园小学毕业、现已读大学的学生来看望母校老师。在谈到小学的学习生活时，勾起了他们的一段段回忆。其中一个叫良良的，谈到当年在六年级时积极参加"生活数学问题探究"，撰写的小论文《一盒粉笔有多少立方分米》发表于《小学生数学报》的事。当时该学生的数学小论文旁还配加了《小学生数学报》的编者按——

> 近年来，小学数学课堂教学改革倡导研究性学习，不少学校积极开展数学小课题研究，让同学们在探索生活中的数学问题的过程中学会科学的研究方法。苏州工业园区新城花园小学专门成立了课题研究小组，先后发现并研究了不少与数学有关的课题。比如，怎样存款才合算；纱窗要用多长的尼龙丝；水龙头滴水，一天浪费多少水；磁带的总长度是多少；一年学习的时间占百分之几；一盘蚊香能燃多久；正常人一分钟眨几次眼皮；一个不规则的茶壶能装水多少升；一层保鲜膜有多厚；怎样使用空调更省电；胶带纸的体积是多少；超市打折都合算吗……你瞧，这些小课题多有意思！

回想起来，我从 2001 年下半年起，就开始在原来的新城花园小学进行相关教学实践，并把这一学生实践活动称做"生活数学问题探究活动"。当时，新课程改革刚刚在苏州实验区展开。2002 年 3 月至 8 月，在初步进行了"生活数学问题探究活动"的教学实践后，我在当时的人教网"人教论坛"中提出了一个在当时来说比较敏感的话题：让学生做"儿童数学家"。当时正值数学课程改革初期，"一石激起千层浪"，在全国引起了一定的反响。

一晃十年过去了，我坚持开展这样的教学改革实验。其间经历了中国数学界大规模的"学校数学"与"生活数学"之争。尘埃落定之后，再回顾十年走过的路，我们似乎有了一个清晰的思路：一方面，数学是人们对客观世界的数量关系和空间形式的一种抽象，因而"数学来源于生活"；另一方面，数学又将其方法和理论广泛应用于客观世界，即"数学应用于生活"。这就要求我们在数学教学中，要引导学生面向生活，引领学生探究生活中的数学问题，学会用"数学的眼光"发现问题、分析问题直至解决问题，"引导学生独立思考、主动探索、合作交流，使学生理解和掌握基本的数学知识与技能、数学思想和方法，得到必要的数学思维训练，获得基本的数学活动经验"〔即我们现在常说的"四基"，详见《全日制义务教育数学课程标准（2007年修改稿）》〕。

儿童学习心理原理也告诉我们：当学生真正意识到学习对自己的生活有价值时，他们最容易形成持久的探究欲望和强烈的学习动机，进而促使自己以更大的热情和更坚定的毅力努力学习和探索，这样的数学学习、数学探索才更有味、够味，值得回味。

先来看我的学生浩浩的一则数学日记（四年级）：

今天是星期天，天气晴朗，万里无云，我和妈妈去长发商厦买衣服。

我们来到女装部，呀！衣服真多呀！各式各样的衣服映入我的眼帘。各种模特穿着各种款式的衣服。"咦？衣服上怎么有三块牌子？"

我好奇地走上前去，只见一块牌子上写着原价，第二块牌子上写着打折的折数，还有一块牌子上写着现价。妈妈看上了一件漂亮的皮夹克，营业员阿姨给妈妈打6折，原价540元，现价324元。我好奇地问："什么叫打6折？""打6折就是把原价平均分成10份，取其中的6份，就是打6折。"妈妈笑着告诉我。

"怎么算更快？"我想。对了！小数的意义不和这打折的意义一样吗？把原价平均分成10份，取其中的6份，用小数表示就是0.6，0.6乘原价540元，口算一下就是324元，竟然和标价一模一样！

噢，原来"打折"是这么回事！

一个刚刚学习"小数的认识"的孩子也能理解六年级才会学到的"百分数（打折）"的知识，这是为什么呢？它给我们的教学带来了什么样的启示呢？

我们的生活中充满了数学。恩格斯在《自然辩证法》中给数学的定义是："数学是研究客观世界的数量关系和空间形式的。"迄今为止，这一定义仍不失为最适当的定义。我们一般意义上的所谓"数学家"，就是指掌握数学知识并不断从事数学研究活动的人。但是，我提出的"让学生做'儿童数学家'"这一说法，却是另外的阐释了。

我不断地寻找关于这一说法的理论支撑。正如美国教育学者露茜·卡尔金斯所说："我们已经生活在一个充斥着计算器和电脑的时代里，孩子们需要具备比以往更强的分析能力、实践应用能力、创造力和灵活性。我已经深深地懂得让孩子拥有数学家的眼光和思维习惯与拥有阅读、写作、音乐、舞蹈、科学等方面能力同样重要。"（露茜·卡尔金斯. IQ家教启蒙——如何开发孩子的学习潜能. 胡翠君，等译. 深圳：海天出版社，1998）这位学者关于"让孩子拥有数学家的眼光和思维习惯"的论述，竟然与我提出的"让学生做'儿童数学家'"的命题不谋而合！

无独有偶，美国教育专家戴维·怀特布雷德所著《小学教学心理学》一书中的第二部分《课程教学》第10章的标题就是"数学教学：帮助儿童成为充满信心的数学家"。作者在这一章的内容概要中这样说：

> 本章回顾了在学校中占主导地位的数学教学，审视了在儿童数学学习和获得信心方面造成的普遍难题，认为上述教学法只是暴露了人类作为学习者的弱项而没有利用人类自身的优势。典型的学校数学剥离了任何真实的、有意义的或支持性环境，仅仅依赖于抽象的符号系统，包括学习与人类自然发展的智力策略无关的"纸笔"策略，而且将数学当做一大无须解释且规定好的步骤来传授。本章着眼于分析我们是怎样通过归纳的过程，以及通过提高元认知意识和增强对自身学习的控制来学习数学的。上述的分析支持了一种"应变的"数学教学法，它将任务置于充满意义的环境中，要求儿童自己进行表征，鼓励并发展儿童的策略以及采用关注过程而非结果的教学风格。

受到上述教育论述的鼓励，我更加坚信我提出的"让学生做'儿童数学家'"有着十分深远的意义。在我看来，"让学生做'儿童数学家'"，并不是让他们去研究什么高深的数学，搞什么重大的发现、发明与创造，而是让他们具备以下数学学习品质：①对所处的现实生活与现实世界充满好奇心；②独具数学"慧眼"，能敏锐洞察生活中的数学问题；③有强烈的数学意识，能尽量用所学的数学知识去解决问题；④善于思考，有独特的数学思维方式和创新思维习惯；⑤对解决数学问题"上瘾"，并相信自己一定能解决；⑥坚持不懈，勇于探索，不达目的，誓不罢休。

以上关于"儿童数学家"的一些理想品质，不仅对他们今后的数学学习有较好的迁移作用，而且对他们今后其他学科的学习以及终身学习也有可持续性的迁移作用。这样的数学教育，才是一种实实在在的数学"四基教育"。

《全日制义务教育数学课程标准》（修改稿）前言中明确指出："义务教育阶段的数学课程具有公共基础的地位，要着眼于学生整体素质的提高，促进学生全面、持续、和谐发展。课程设计要适应学生未来生活、工作和学习的需要，使学生掌握必需的数学基础知识与基本技能，发展学生抽象思维和推理能力，培养学生应用意识和创新意识，并使学生在情感、态度与价值观等方面都得到发展。课程设计要符合数学本身的特点，体现数学的精神实质；要符合学生的认知规律和心理特征，有利于激发学生的学习兴趣；要在呈现作为知识与技能的数学结果的同时，重视学生已有的经验，使学生体验从实际背景中抽象出数学问题、构建数学模型、寻求结果、解决问题的过程。"这段话说得十分精辟，其中的一些关键词，如"适应学生未来生活"、"重视学生已有的经验"、"从实际背景中抽象出数学问题"等，不正是我们在新一轮课程教学中必须经常注意的问题吗？

"让学生做'儿童数学家'"，引导学生在日常生活中掌握数学、探索真实世界中的数学，比单纯地学习数学更能激发他们的好奇心和创造力。因此，为了使学生能够把数学视为日常生活的一部分而不仅仅是数学训练和应付考试，作为教师的我们必须引导他们走向生活，勇于实践，在生活实践中触摸、感知、体验数学的魅力，用归纳的方法对自己理解的数学进行表征，把数学放到数学实践中去检验与应用，进而生成、建构"我自己的"认知结构、思维方式与情感模式，为他们今后的学习、成长打下宽厚坚实的基础。

课堂智慧

在"触摸"中感悟，在"归纳"中建构
——引导学生做"儿童数学家"的两个课堂教学片段

一、在"触摸"中感悟

就数学学习而言，小学生的思维特点是以形象思维为主的，他们获取的绝大部分数学知识首先都是在对形象感受、感知的基础上逐步建立表象，从而形

成概念的。因此，加强数学教学与生活实际的联系，给学生打开"生活"这扇窗，同时引导他们在活动中操作、理解、交流与感悟数学，把数学世界变成一个具有吸引力、新奇鲜活的世界，学生在其中就不仅仅是学习知识而是"触摸知识"了。

让学生在"触摸"中掌握知识，就是要求教师注重教学的过程，让学生自己多实践、多操作，在此基础上感悟知识，主动获取知识。在这里，我们强调"触摸"而不仅仅是"掌握"，是因为"触摸"是尝试性的、非一次完成的，是允许失败的，是不十分强调标准答案和一次过关的。因此，在"触摸"中掌握知识，符合学生学习的个性特点，是实实在在的"目中有人"的数学教育，有助于激发学生的学习兴趣，提高学生的学习内驱力。

[片段写真]

在学习了圆柱的体积计算后，一个学生看到教室的讲台上有一支完整的粉笔（形状是圆台）时，觉得可以利用所学圆柱体积的知识来解决。于是，我把这一话题放到课堂上，让大家一起参与探究学习。

生：可以把它看成一个近似的圆柱体来计算，但它的两个底面不一样大。

生：是的，如果用下底面面积乘以高，求出的体积比实际的体积就小；如果用上底面面积乘以高，求出的体积比实际的体积又大。因此，我认为可以用上底面与下底面的面积的平均值乘以高。

师：你是如何想到用这种方法来计算的？

生：计算梯形的面积时用"（上底＋下底）×高÷2"，也就是"（上底＋下底）÷2×高"，我认为也可以根据这个道理，用"（上底面积＋下底面积）÷2×高"来计算粉笔的体积。

师：这位同学肯动脑子，他利用了梯形的有关知识来解决问题。（画图说明把等腰梯形沿对称轴旋转一周就会得到圆台）

于是，通过"平均底面积"来进行计算。同学们用"毫米"为单位，量得大头底面直径是10毫米，小头底面直径是8毫米。于是，它的平均底面积是：$[3.14×（8÷2）^2＋3.14×（10÷2）^2]÷2＝64.37$（平方毫米）。每支粉笔的体积是：$[3.14×（8÷2）^2＋3.14×（10÷2）^2]÷2×75＝4827.75$（立方毫米）$≈4.83$（立方厘米）。

计算后，又有同学提出新的计算方法。

生：梯形的面积可以用中位线乘以高，所以我认为刚才求粉笔体积的方法也可以用粉笔高一半的地方的圆面积乘以高。

师：粉笔高一半的地方的圆面叫做中截面，怎样求中截面的面积呢？

生：和上面一样，（上底面积＋下底面积）÷2。

生：可以用"（上底直径＋下底直径）÷2÷2"求出中截面的半径，再求中截面的面积，最后将中截面的面积乘以高就是粉笔的体积。

于是，同学们通过"平均直径"（这个词也是我创造的）来计算。一支粉笔的体积是：$3.14 \times [(10 \div 2 + 8 \div 2) \div 2]^2 \times 75 = 4768.875$（立方毫米）$\approx 4.77$（立方厘米）

（这时，学生的思维十分活跃，他们沉浸在创造成功的快乐中）

师：你们的探索很有意义，明天我们还要学习圆锥的体积，可能会给你们解决这一问题带来新的启发。

在教学圆锥的体积时，我十分注意让学生对等底等高的圆锥与圆柱的体积关系做出猜想，学生的猜测与推理同动手实验得出的结论令他们如梦方醒。

生：圆锥的体积是同它等底等高的圆柱体积的二分之一。

师：为什么？

生：因为三角形可以看成上底为0的梯形，这个圆锥也可以看成上底面为0的圆台，前面我们求粉笔的体积时用"（上底面积＋下底面积）÷2×高"，所以"圆锥的体积＝底面积÷2×高"，因此，我认为圆锥的体积是同它等底等高的圆柱体积的二分之一。

生：我有不同看法，我认为圆锥的体积是同它等底等高的圆柱体积的四分之一。

师：你为什么这么认为呢？

生：用前面求粉笔体积的另一种方法，求出圆锥中截面的面积后乘以高就是圆锥的体积。因为中截面的半径是底面半径的二分之一，中截面面积是底面积的四分之一，所以圆锥的体积是与它等底等高的圆柱体积的四分之一。

（这时，部分学生已意识到原先计算粉笔体积的方法肯定有错，于是他们急切地想知道结论）

师：同学们，你们自己去做做实验吧，看一看等底等高的圆柱与圆锥体积之间有什么关系。

（学会了圆锥的体积计算方法后，马上就有学生提出：可以运用圆锥体积的计算方法来求粉笔的体积）

生：我们可以在粉笔小的底面上加上一个圆锥，使粉笔与加上的圆锥合成一个大圆锥。只要将大圆锥的体积减去小圆锥的体积就可以了。（学生终于用所学的知识创造性地解决了问题，教师为学生由衷地感到高兴）

粉笔体积计算的问题解决了，但是同学们的心里仍然萦绕着大大的问号：原先的两种计算方法看起来也是有根有据的，为什么就不对呢？

一些优秀的学生探索热情不减，有的还向家长或老师请教，终于弄清楚了其中的奥秘：粉笔两头不一样，严格地说，它是一个圆台，应该用圆台的体积计算公式计算体积。如果用"平均面积"或"平均直径"的方法来计算，当粉笔两头的底面积大小相差无几时，体积的计算就比较准确；如果两个底面积相差较大，计算产生的误差就会很大。

二、在"归纳"中建构

我们的教学应该从"归纳法"中得到重要启示。

人们能从多种多样的经验中识别出模式和规则而完成这一主动加工过程，并且似乎更有能力进入归纳过程中，即从一系列特殊个案中推出具有普遍性的规则或模式，而对演绎法——与从特殊到一般相反的过程——相对来说准备较少。例如，人们在度量很多个圆的周长和直径之后，发现它们的比值总是近似地等于3.14，于是提出了圆周率是3.14的猜想。后来，数学家从理论上证明了圆周率的数值为π，果然和3.14很接近。这种"归纳猜想"的方法，如果用于小学数学教学，并从儿童原有的知识经验、生活背景出发，定会收到良好的效果。

因此，在数学教学中，必须积极地研读课程标准及相关课程教材，努力尝试通过"归纳法"而不是通过"演绎法"来进行教学。在教学中，应当把重点放在学习的过程而不仅仅是放在学习结果上，应当尊重每个孩子独特的心智水平，引导儿童用适合他们心智特点的方式来理解数学，建构他们自己的学习方式和数学策略。这样，学生学到的知识才是真知识、活知识、有用的知识，而不是假知识、死知识、无用的"垃圾"！

[片段写真]

"质数和合数"这一知识点，无论是苏教版、人教版还是北师大版，其教材的编排大体都差不多，都是从"找一找一些整数的约数"这一点出发来展开教学的。经过很多次的教学之后，我发现，由于教材本身编排的结构性不够强，教师就事论事，没有进行充分的归纳过程，结果学生对"质数和合数"这一知识点的理解不够深刻。通过查找资料、学习反思后，我没有按课本编排的体系教学，而是重新组织了"有结构的材料"，进行"师生共探"式教学实践。具体教学过程如下：

（1）复习约数的概念，然后让学生依次写出1—20各数的约数。（请注意：课本上不是按规律出示1—20各数，而是随意出示了几个数，这似乎不利于学生对知识进行"建构"）

（2）仔细观察1—20各数的约数的特点，对它们进行分类。只有一个约数的数有：1；只有两个约数的数有：2、3、5、7、11、13、17、19；有两个以上约数的数有：4、6、8、9、10、12、14、15、16、18、20。（培养学生的分析、分类和综合能力）

（3）请同学们开动脑筋发挥想象，帮其中的两组数各取一个名字。（满足学生"创造"的欲望）

（4）教师在此基础上归纳总结出什么是质数、什么是合数，接着又引导学生对自然数进行再分类，分为1、质数和合数。（由于学生通过亲身研究，积累了丰富的有关质数与合数的感性材料，因此抽象和概括概念可以说是水到渠成）

（5）辨析练习：分辨一组数中哪些是质数，哪些是合数。（即时巩固很有必要）

（6）再次共探，引导学生尝试制作100以内的质数表。学生拿出教师课前印发的1—100自然数表，引导学生按要求画去2、3、5、7的倍数，但要保留它本身，看看剩下的数是些什么数。再简单介绍"筛法"的由来（它是公元前3年左右由著名数学家埃拉托斯芬提出的，也称为埃拉托斯芬筛法）。（这一段内容的教学，再次引发了学生的探究兴趣，使学生感受到数学奇妙无比）

（7）把共同探究延伸到课外。请同学们以小组为单位，共同探究制作出 200、500 或 1000 以内数的质数表，并总结制作方法，稍后将用优秀小组或优秀同学的名字来命名为"××筛法"，就像当年用数学家命名筛法一样。

在这"师生共探"的教学中，我努力做到了以下几点：一是突出学生的主体地位，注意选择难易适中的问题，让尽可能多的学生参与到建构知识的过程中来；二是竭力保护探索热情，避免以教师的思维代替学生的思维，让学生当时曲折的探索过程真实而自然地反映出来，甚至失败的思路也要向大家介绍；三是特别引导"逐步归纳"，既让学生总结一般的规律、方法，也鼓励他们发明有创意的新思路和新方法，并进行"命名"鼓励，让他们成为名副其实的"儿童数学家"。